グラフのウノを見破る技術

マイアミ大学
ビジュアル・
ジャーナリズム講座

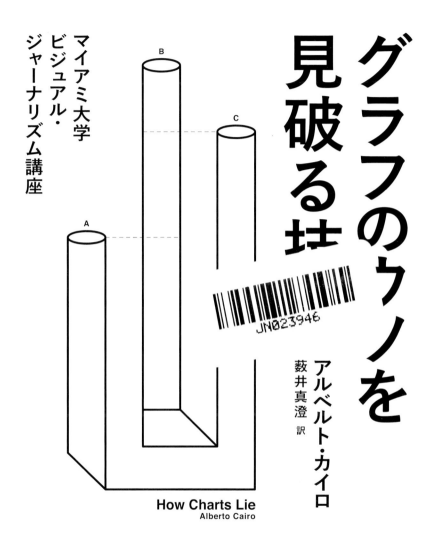

How Charts Lie
Alberto Cairo

アルベルト・カイロ

薮井真澄 訳

ダイヤモンド社

「数字を見ないと、世界のことはわからない。
しかし、数字だけを見ても、世界のことはわからない。」
『FACTFULNESS』ハンス・ロスリング

「自由とは、真実と自分たちが耳にしたいことを区別できる市民にかかっている。
権威主義_{オーソリタリアニズム}が現れるのは、人々がそれを望んでいると
口にするからではなく、人々が事実と願望とを区別できなくなるからだ。」
『自由なき世界』ティモシー・スナイダー

How Charts Lie
by
Alberto Cairo

はじめに

世界はグラフとミスリードであふれている

　私たちが日々、テレビや新聞、ソーシャルメディア、教科書、広告を通じて目にする表やグラフ、地図、図版の数々が、どのようにして私たちをだましているか。これは、そのことにまつわる本だ。

　「1枚の絵は千の言葉に値する」という言い伝えがある。あなたが今後、このことわざを使うたびに、「ただし、その読み方を知っていれば」と付け加えるようになってくれれば、私としては本望だ。地図グラフや棒グラフのようなありふれた図表でさえ、時に紛らわしく、悪くすると得体が知れない。

　そんなことでは心配だ。数字がそうであるように、人はグラフというと科学や論理を思い浮かべ、信じきってしまうからだ。数字とグラフは客観的で厳密な感じがするだけに、うっかり引き込まれるし、説得力もある。

　政治家やマーケティング担当者、広告会社は、こちらが詳しく調べることはないと決め込んで、数字やグラフを振りかざす。「減税により1世帯当たり月平均100ドルのお金が浮きます」「景気対策の効果で失業率は過去最低の4.5％に」「米国民の59％が大統領の実績を評価していません」「歯医者の10人に9人がわが社の歯磨き粉を推奨」「今日の降水確率は20％」「チョコレートをたくさん食べるとノーベル賞に近づけるかも」――。

　テレビをつけると、新聞をめくると、お気に入りのソーシャルメディアをのぞくと、とたんに派手なグラフが目に飛び込んでくる。働いている方なら、仕事の成果が数字で評価され、グラフにされたことがありそうだ。あなた自身、グラフを作って授業や仕事のプレゼン用のスライドに挿入した経験があるかもしれない。大げさな著者の本などでは、数値評価の蔓延ぶりを「数字の専制」や「数値評価の専制」とまで書き立てている。現代社会に生きる私たちは、数字と、それを表すグラフに簡単に惑わされてしまう。

　グラフは、たとえ悪意を持って作られていなくても、誤解を招くことがある。しかし、グラフは真実を伝えることもできる。デザインの良いグラフには力がある。対話を可能にする。私たちに透視能力を宿らせ、複雑で膨大なデータの中身を見通せるようにしてくれる。私たちが生きていく中で出くわす数字の背後から、隠れたパターンや傾向を見つけ出す手段として、グラフはしばしばうってつけだ。

　良いグラフは、私たちをより賢くしてくれる。

　しかしそのためには、細心の注意を持ってグラフを見る習慣を身につける必要がある。まるでイラストのように、グラフを単に見るのではなく、読み、正しく解釈する方法を学ばなければならない。

　どうすればより良いグラフの読み手になれるのか、それでは始めよう。

アルベルト・カイロ

目次

グラフのウソを見破る技術

第 1 章　だまされないためのグラフ・リテラシー入門　023

第 4 章 不適切なデータ量でだますグラフ 123

| 第 **5** 章 | 不確実性を隠してだますグラフ | 155 |

| 第 **6** 章 | 誤解を招くパターンでだますグラフ | 177 |

終章　グラフで自分（と他人）に嘘をつくな　203

Introduction

序 章

毎日、グラフにだまされる私たち

トランプ大統領が自慢した地図グラフ

2017年4月27日、ドナルド・トランプ米大統領は就任後最初の100日の成果について、ロイターの記者、スティーブン・J・アドラー、ジェフ・メイソン、スティーブ・ホーランドの3氏と語り合っていた。話題が中国と習近平国家主席に及んだとき、トランプ氏は会話を止めて、3人に2016年米大統領選の結果を示す地図を手渡した。

大統領は言った。「ほら見ろ。最終結果の地図だ。すごいだろ？　もちろん赤がわれわれだ」

図表0-1　トランプ大統領が記者に見せた地図

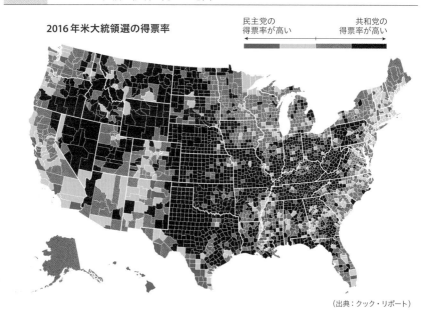

（出典：クック・リポート）

インタビューを読んだ私は、トランプ大統領がこの地図にご満悦なのも無理はないと思った。彼は大方の予想を裏切って、2016年の選挙に勝ったのだ。

予想では勝利の確率は1%ないし33%だった。共和党の重鎮から不信の目を向けられ、選挙陣営は間に合わせで足並みの乱れが目立ち、女性、マイノリティー、米諜報機関、果ては退役軍人について数々のお騒がせ発言を行ったにもかかわらず、勝った。多くの評論家や政治家がトランプは負けると予言したが、結局、外れた。彼はあらゆる逆風をはねのけて大統領の座をつかんだのだ。

だが、いくら勝利に酔っているからといって、ミスリーディングな図表を売り込んでよい口実にはならない。文脈を無視してこれだけを見せると、この地図は誤った情報を伝えかねない。

2017年を通じ、この地図はあちこちに登場した。ザ・ヒルによると、ホワイトハウスの職員は地図を拡大して額装し、西棟に飾った。FOXニュース、ブライトバート、インフォウォーズといった保守系メディアも、しきりに地図を紹介した。ソーシャルメディアの右派コメンテーター、ジャック・ポソビエック氏は自著『シチズンズ・フォー・トランプ（トランプに投票した国民)』の表紙に載せた。だいたいこんな感じだ。

図表0-2　この本にふさわしいタイトルは？

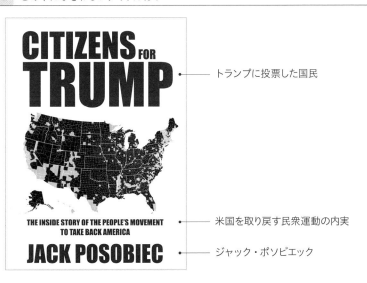

トランプに投票した国民

米国を取り戻す民衆運動の内実

ジャック・ポソビエック

　私は過去20年間、自らグラフを製作するかたわら、グラフデザインの方法を教えてきた。読者のあなたを含め、誰でもグラフの読み方や良いグラフの作り方を習得できると確信しているので、普通は望まれれば無報酬で、どなたにでも建設的な助言を差し上げている。ソーシャルメディアでポソビエック氏の著書を見たときには、本の題名と地図のどちらかを変更したほうがよいのでは、と助言した。題名と地図の内容が食い違っているからだ。

　この地図は、各候補に投票した国民を表すために用いられているのに、国民を表してはいない。表しているのは選挙区だ。私はポソビエック氏に、表紙のグラフを本の題と副題に合うよう変えるか、題を『カウンティーズ・フォー・トランプ（トランプに投票した郡）』に変えるよう提言した。この地図が本当に示しているのはそれだからだ。彼は私の助言を無視した。

アメリカ国民の真の投票率

　赤（共和党）とグレー（民主党）の比率を測ってみよう。この地図の面積のざっと80％が赤で、20％がグレーだ。地図は地滑り的勝利を示唆しているわけだが、実際にはトランプ氏の勝利は地滑りにほど遠かった。一般投票、つまりポソビエック氏の言う「国民」の票は、ほぼ二分していたのだ。

図表0-3　得票数はヒラリーと拮抗していた

2016年米大統領選・一般投票の得票率

ドナルド・トランプ	**46.1%** 62,984,825票
ヒラリー・クリントン	**48.2%** 65,853,516票
その他の候補	**5.7%**

　もっと重箱の隅をつつこうと思えば、投票率が60％前後で、有権者の40％以上が投票しなかったことも指摘できる。全有権者のグラフを作ると、各主要候補に投票した比率は、それぞれ3割弱だったことがわかる。

図表0-4 本当は投票しない人のほうが多かった……

有権者の内訳

棄権	40%
ドナルド・トランプに投票	28%
ヒラリー・クリントンに投票	29%
その他の候補に投票	3%

　すべての国民（訳注：選挙権を持たない人も含む）をカウントするとどうなるだろう？　米国には3億2500万人が住んでいる。カイザー財団によると、このうち米国民は約3億人だ。「トランプに投票した国民」と「クリントンに投票した国民」の割合は、全国民の2割強ずつということになる。

　トランプ氏が郡単位の地図を来客に渡しているのを見て、批判派からはすかさずツッコミが入った。なぜ面積をカウントして事実を無視する？　トランプ氏が勝った郡（2626）の多くは面積が広くて人口密度は低い一方、クリントン

図表0-5　トランプもヒラリーも強くはなかった

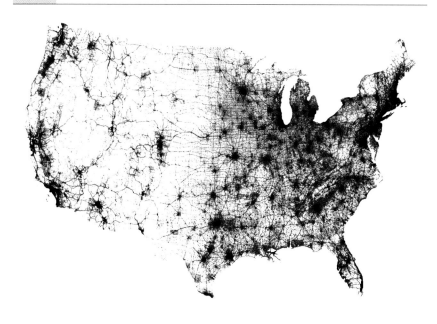

氏が勝った郡（487）の多くは小さく、都会で、人口密度が高いじゃないか。

　地図専門家のケネス・フィールド氏がデザインした**図表0-5**の米国本土地図が、真実を明らかにしている。点は有権者——グレーが民主党に投票、赤が共和党に投票——で、厳密ではないがおおよその投票地点に配置されている。国土の大半は空っぽだ。

思想によって選択するグラフが異なる

　偏りなくメディアを閲覧するよう心がけている私は、あらゆる思想系統の人々と出版物をフォローしている。ここ数年見ていて心配になるのは、米国における思想の二極化が、グラフの好き嫌いまで二分させていることだ。私がフォローしている保守派の何人かは、トランプ大統領が記者に渡した郡単位の地

図表0-6　リベラル派が好むバブルチャート

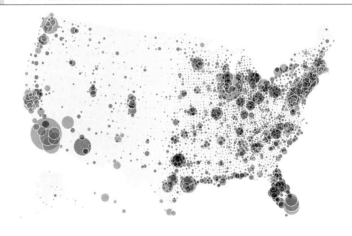

バブルの大きさは各郡で勝った候補者の得票数だけに比例

● ドナルド・トランプが勝った郡
● ヒラリー・クリントンが勝った郡

図が大好きで、絶えず自身のウェブサイトやソーシャルメディア・アカウントにアップしている。

　一方、リベラル派と進歩主義者は、タイム誌その他の出版物に掲載されたバブルチャートを好む。この地図で、円（バブル）は各郡で勝利した候補者の獲得票に比例した大きさとなっている。

　保守派とリベラル派はお互いの馬鹿さ加減を笑い合っている。「よくそんな地図をツイートできるな。選挙結果を歪めているのがわからないのか？」

　笑い事ではない。両陣営が別々のグラフを見せ合っているのは、人は誰しも自分の信念を補強するために、ちょくちょく情報を利用するからだ。保守派は2016年の大統領選で圧倒的勝利を収めたと確信したがっている。リベラル派は、ヒラリー・クリントン氏のほうが一般投票の得票率が高かったことを強調して、自分を慰めている。

　2色の郡グラフでは各候補の得票数を反映しきれない、というリベラル派の言い分は正しいが、リベラル派が好きなバブルチャートにも欠陥がある。各郡で勝った候補の得票数だけを示すことによって、負けた候補の得票数を無視しているからだ。保守の強い地域でヒラリー・クリントン氏に投票した人々は大勢いる。非常に進歩主義的な地域でドナルド・トランプ氏に投票した人々もし

図表0-7　都市部で大勝したヒラリー、地方で接戦を制したトランプ

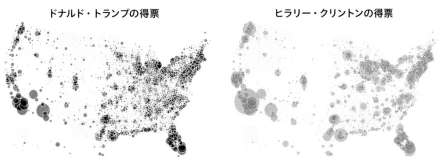

バブルの大きさは各郡の得票数に比例

かりだ。

　知りたいのが一般投票の結果であれば、ケネス・フィールド氏の地図、もしくは**図表0-7**の一対の地図のほうがよいかもしれない。赤い円（トランプ氏の得票）のほうがグレーの円（クリントン氏の得票）よりも数は多いのがわかるが、数こそ少ないものの、グレーの円のほうがずっと大きいものが目立つ。2つの地図を並べて見ると、一握りの州の比較的少ない票が、大統領選の勝敗を決した理由がわかりやすくなる。赤い円とグレーの円の面積をそれぞれ合計すると、ほぼ同じ大きさだ。

本当に重要な数字を示すグラフは？

　とはいえ、保守派とリベラル派はどちらも的を外している。米大統領候補を勝利に導くのは、自分が制した地域でもなければ、自分の訴えに納得して全国で投票してくれる人の数でもない。選挙人団と、それを構成する選挙人538人なのだ。勝つには、少なくとも270人の選挙人から支持を得る必要がある。

　各州には、その州から選出された上下両院の議員数に等しい数の選挙人がいる。上院議員2人と、州の人口によって異なる下院議員の数を合わせた人数だ。たとえば固定数の上院議員（各州2人）と下院議員1人を出している小さな州であれば、選挙人を3人割り当てられる。

　小さな州はしばしば、純粋に計算した人数よりも人口比で多い選挙人を割り当てられる。いくら人口が少なくても、1州の選挙人は最低でも3人と決まっているからだ。

　候補者が、州の選挙人の投票を勝ち取る仕組みは次のとおりだ。ネブラスカ州とメイン州を除くすべての州は、一般投票で僅差であっても対抗馬を上回った候補が、その州の選挙人の支持を総取りする前提になっている。

　言い換えると、他の候補より1票でも多く獲得したとたん、残りの獲得票はどうでもよくなる。相対的に多ければよくて、過半数を得る必要さえない。つまり、ある州の一般投票であなたが45％の票を得たのに対し、対抗馬2人の得票率が40％と15％だった場合、あなたはその州の選挙人票を総取りする。

　トランプ氏は選挙人304人の票を得た。クリントン氏は一般投票の得票数が
トランプ氏より300万票多く、人口の多いカリフォルニア州で多数の票を得た
にもかかわらず、獲得した選挙人の票は227にとどまった。残り7人の選挙人
は候補者でもない人々に投票して無効となった。

　したがって、もしも私が大統領に選ばれるようなことがあり――米国生まれ
ではないので本当はありえないが――、グラフを印刷して額装し、わがホワイ
トハウスの壁に掛けて勝利を祝いたいなら、次のようなグラフになるだろう。
これらは勝った郡の数でも一般投票の得票数でもなく、本当に重要な数字、つ
まり獲得した選挙人の票数に的を絞っている。

図表0-8　選挙人獲得数が勝敗を決する

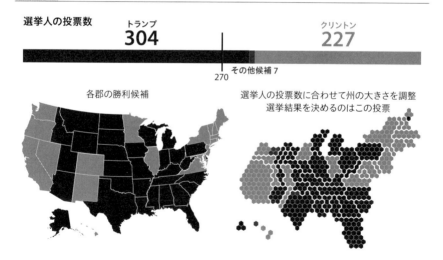

保守 VS. リベラルという国境線

　本書で学ぶ多種多様なグラフの中には、地図も含まれている。悲しいかな、
地図は最もよく誤用されるグラフの一つだ。2017年7月、私はキッド・ロック
という米国の人気歌手が、2018年の選挙で上院への立候補を計画している、

という記事を読んだ。彼は後々、あれは全部冗談だったと主張するのだが、当時は真剣に立候補する感じに聞こえた。

　私はキッド・ロック氏のことをよく知らなかったので、彼のソーシャルメディア・アカウントをはしごしていたところ、オンライン店舗のKidRock.comで売られているグッズが目に入った。グラフと地図に目のない私としては、2016年の大統領選結果を示す不思議な地図入りのTシャツをとてもスルーできなかった。ミスター・ロックが地図に添えた説明書きによると、選挙結果は、分断された2つの国の境界線と一致するらしい。

図表0-9　2つのアメリカの境界を示すのは実はこのグラフではない

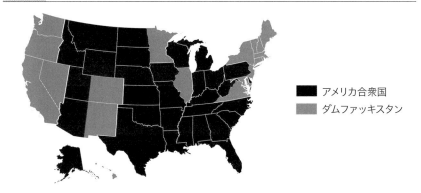

凡例：
- ■ アメリカ合衆国
- ■ ダムファッキスタン

　もうお察しだろうが、この地図は合衆国（共和党の米国）とダムファッキスタン＝大馬鹿国（民主党の米国）の国境を正確に表していない。選挙人を選ぶ行政区、すなわち郡で区切った地図のほうがずっと正確かもしれない。

　余談だが、私は2005年から08年にかけてノースカロライナ州に住んでいたことを指摘しておきたい。スペイン出身の私はここに来るまで、この州のことをほとんど知らなかった。スペインの新聞でいつも見ていた大統領選で、よく赤く塗られていた州、という程度の知識だ。保守的な場所に住むことになるのか、ちょうどよかった。私は思想的に穏健派だから。

　ところが見当が外れた。驚いたことに、着いた所はアメリカ合衆国ではなく、（キッド・ロック氏の体系に準ずるなら）ディープなダムファッキスタンではな

いか！　私が住んだノースカロライナ州オレンジ郡カルボロ地域のチャペルヒルは、同州の中ではかなり進歩主義的でリベラルだ。

　私が今住んでいるフロリダ州グレーターマイアミの都市、ケンドールもまた、ダムファッキスタンの歴史を誇る場所だ。次の地図を見ると、ミスター・ロックのTシャツに描かれた2つの国の本当の境界線が浮かび上がってくる。

図表0-10　本当の国境線を示すのはこのレベルの詳細なグラフかもしれない（ノースカロライナ州とフロリダ州）

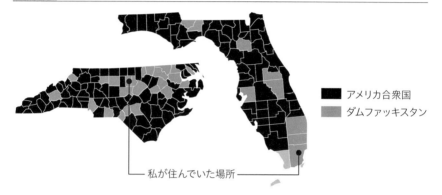

アメリカ合衆国
ダムファッキスタン

私が住んでいた場所

大統領 VS. ノーベル賞学者

　トランプ大統領は2018年1月30日、就任後初めてとなる一般教書演説を行った。大統領がテレプロンプターから文章を読み上げるや、右派の論者らは素晴らしい演説に賞賛を送り、左派は批判した。トランプ氏は犯罪の話に時間を割き、このときにノーベル賞受賞の経済学者にしてニューヨーク・タイムズ紙のコラムニスト、ポール・クルーグマンに目をつけられる。

　2016年の大統領選期間中と就任後最初の1年間、トランプ氏は何度か米国で凶悪犯罪、とくに殺人が急増していると述べた。原因は不法移民にあるとしたが、この主張の嘘は何度も暴かれ、クルーグマンはコラムでこれを「犬笛」と呼んだ。

　しかし、クルーグマンの追及はそこで終わらない。トランプ氏は「問題を誇

張したり、見当違いの人々に原因を押し付けたりしているのではない。ありも
しない問題をでっちあげているのだ」。なぜなら「犯罪は急増などしていない。
最近何度か泡のように膨らんで消えることはあったにせよ、米国の大都会の多
くでは外国生まれの人の数が急増すると同時に、劇的に、本当に信じられない
ほどの勢いで凶悪犯罪が減少している」と続けた。

　クルーグマンが証拠として出したグラフがこれだ。

図表0-11　クルーグマンが示した殺人発生率の推移

米国の殺人発生率（人口10万人当たりの年間件数）

（出典：犯罪統計局）

　どうやら、クルーグマンの主張は正しそうだ。米国では1970年代、1980年
代、1990年代初頭のピーク時に比べ、殺人件数が目に見えて減っている。凶
悪犯罪全般の傾向も同様だ。

　が、しかし、2018年初めに出た記事に、2014年までの数字しか入っていな

図表0-12　クルーグマンは直近の2年間をあえて隠した？

米国の殺人発生率（人口10万人当たりの年間件数）

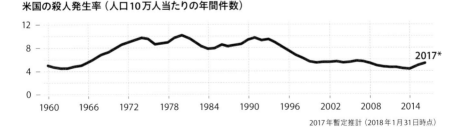

2017年暫定推計（2018年1月31日時点）

いのは奇妙ではないだろうか？　詳細な犯罪統計は入手困難だし、クルーグマンのコラムが公表された日までの良質な推計値を手に入れるのは不可能だろうが、FBIは既に2016年の確定値を発表していたし、2017年についても暫定値を出していた。両年を加えると、グラフはこうなる。殺人発生率は2015年、2016年、2017年と続けて上昇した。「泡のよう」にはとても見えない。

グラフに見えているもの、隠されてしまうもの

　クルーグマンほどの経歴を持つ人物が、重要なデータを故意に隠すとは私には思えない。チャートデザイナーおよびジャーナリストとして数々の愚かなミスを犯してきた私は、ほんやり、うっかり、不注意で簡単に説明がつくことを、悪意のせいにすべきではないと心得ている。

　クルーグマンの記述どおり、現在の殺人発生率は、30年前に比べてずいぶんと下がっている。ズームアウトしてチャート全体を見渡すと、長期的な傾向は右肩下がりだ。犯罪を厳しく取り締まるべきだと訴える政治家や評論家はしばしば、実に都合よくこの事実を無視し、過去数年だけに注目する。

　とはいえ、2014年以降に殺人発生率が上向いていることは重要で、隠すべきではない。だが重要性の度合いはどうだろう？　それは住んでいる地域による。

　全米規模の殺人発生率を示したこのグラフは、見てのとおりシンプルで簡単に読めるが、見えているものと同じくらい隠しているものも多い。これはグラフに共通する特徴だ。グラフは通常、非常に複雑な現象を単純化したものだからだ。殺人は米国全土で増えているわけではない。米国のほとんどの場所はいたって安全だ。

　米国における殺人は局地的な課題である。中規模、大規模都市の一部界隈で凶悪犯罪が集中的に起こり、全米の比率を歪めている。そうした界隈のグラフを加えることができれば、いちばん上の罫線よりはるか上に記入され、このページの上端さえ飛び越えるかもしれない！　そうした界隈を除くと、全米の殺人発生率のグラフは平らになるかもしれず、ここ数年は右肩下がりになる可能

性さえある。

　もちろん、そんなことをするのは適切ではない。これらの厳然たる数字は殺された人の数だ。それでも私たちは、政治家や評論家がこの種のデータについて議論するとき、全体の発生率と併せ、それを歪ませかねない極値——外れ値とも言う——に言及するよう要求することができるし、そうすべきだ。

　統計の仕組みと外れ値の働きをわかりやすくするために、こんなたとえ話をしてみよう。あなたがバーでビールを楽しんでいると想像してほしい。ほかに8人が飲みながらおしゃべりしている。誰ひとり、生まれてこのかた人を殺したことはない。そこに10人目の人物が入ってきた。ギャングの殺し屋で、これまでに50人の仇を殺ったことがある。とたんに、バーの客1人当たりの殺人件数は平均5件に跳ね上がる！

　だからといって、「はい、これであなたも殺人犯です」とならないのは当然のことだ。

典型的な嘘つきグラフ

　さて、グラフは嘘をつくことがある。間違った情報を表示したり、表示する情報が少なすぎたりするからだ。しかし、グラフは適切な種類と量の情報を示しているにもかかわらず、お粗末なデザインやラベリングによって結局、嘘をつくこともある。

図表0-13　いったい、最高税率は何倍になるの？

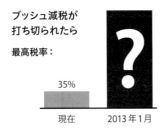

ブッシュ減税が
打ち切られたら

最高税率：

35%

現在　　　　2013年1月

　2012年7月、フォックス・ニュースは、ジョージ・W・ブッシュ元大統領が実施した最高税率の引き下げを、バラク・オバマ大統領が2013年初めの期限をもって打ち切る計画だと報じた。富裕層は税金が増えるだろう。でもどれくらい？　右の棒が、ブッシュ政権下で決まった最高税率を示す左の棒に比べてどのくらい高いか、目測してみよう。すごい増税だ！

　フォックスが数秒間流したグラフには数字が記されていたが、字が小さくて読みづらかった。税率の上昇は約5パーセントポイントなのに、誇張するために2本の棒は恐ろしく変な大きさになっている。

図表0-14　原則に背いた嘘のグラフデザイン

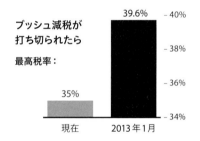

　私も税金嫌いでは人後に落ちないが、怪しいグラフを盾にした議論はもっと嫌だ。これはグラフ製作者の政治的傾向とは関係ない。誰であれ、このグラフを作った人はグラフデザインの初歩的な原則に背いている。オブジェクト（この場合は棒）の長さか高さで数字を表示するのなら、高さあるいは長さはその数字に比例させるべきだ。したがって、このグラフの基準線はゼロに設定するのが望ましい。

　棒グラフの基準線をゼロ以外に置くのは、数字の知覚を歪ませるトリックとして、本書に出てくる中でも最もあからさまな例だ。しかしインチキな縮尺は、あらゆる主義者の名を借りた詐欺師や嘘つきが用いる、数ある手口の一つにす

図表0-15 本来はこう描くべきだった

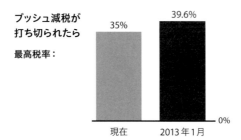

ブッシュ減税が
打ち切られたら

最高税率：

ぎない。はるかに気づきにくいトリックがほかにたくさんあることが、追々わ
かってくるだろう。

使われることが多いのに、理解しづらいグラフもある

　たとえグラフが正確にデザインされていても、私たちが正しい読み方を知ら
ないばかりに、だまされることもある。記号や、いわゆる文法がわからないか
らか、それらの意味を誤って解釈するからか、あるいはその両方だ。多くの人
が思っているのとは違い、ほとんどの良いグラフはシンプルできれいな図では
ないし、簡単に、直感的に理解できるものでもない。

　2015年9月10日、ピュー研究所は米国民の基礎科学の知識を調べるための
アンケートを公表した。問題の一つに、**図表0-16**のようなグラフを解読せよ
というものがあった。それでは解読してみよう。間違っても大丈夫。

　この種のグラフを見るのは初めての人もいるかもしれないが、これは散布図
と呼ばれる。点は国を表しているが、どの点がどの国かを知る必要はない。横
軸における点の位置は、1人当たりの1日の砂糖消費量と一致する。つまり点
が右に寄っているほど、その国の人々の砂糖の消費量は平均的に多い。

　縦軸における点の位置は、1人当たりの虫歯の数と一致する。したがって、
点の位置が高いほど、その国の人々の虫歯の数は平均的に多い。

図表0-16 砂糖と虫歯の数にどんな関係があるというのか？

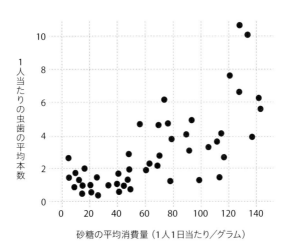

１人当たり砂糖消費量と、虫歯の平均本数の関係　　● ドットは１つの国

（出典：ピュー研究所）

　あるパターンに気づいただろう。例外はあるが、概して右寄りの点ほど高い位置にある。これを２つの測定値の間の、正の相関と呼ぶ。国レベルで見て、砂糖の消費量は歯の健康悪化と正の相関がある（このグラフだけを見て、砂糖をたくさん食べると虫歯が増えることは証明できないが、その点については後ほど取り上げる）。負の相関というのもあり、たとえば教育水準の高い国ほど通常は貧困率が低い。

　散布図は、誰もが小学校で習う棒グラフや折れ線グラフ、円グラフと同じくらい古い歴史がある。それなのにこの調査では、ほぼ10人に4人（37％）が正しく理解できなかった。これは問題の出し方や、そのほかにも原因があったかもしれないが、そうだとしても私の印象では、科学の世界では当たり前で、ニュースメディアの常連にもなりつつあるグラフを読解できない人が世の中に大勢いるあかしのようだ。

　しかも、このことは散布図に限らない。少なくともパッと見は簡単なグラフ

でも起こることだ。コロンビア大学の研究者グループは、次の絵入りグラフを
100人以上の人に見せた。

図表0-17　パイナップルが示すものは？

1週間の果物消費量（皿数）

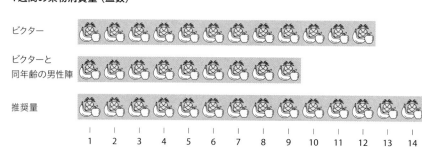

（出典：コロンビア大看護大学院　エイドリアナ・アーシア）

　このグラフは、架空の男性「ビクター」の1週間の果物の消費量が、同い年
のほかの男性群より多いが、推奨されている週14皿よりは少ないことを示し
ている。

　グラフが言いたいのは、こういうことだ。「ビクターは現在、何らかの果物
12皿を毎週食べている。同い年の男性の平均よりは多いが、それでも12皿で
は足りない。14皿分食べるべきだ」

　多くの被験者は、グラフをありのままに受け止めすぎた。ビクターは描かれ
ている果物そのものを、描かれている個数だけ、毎週14回食べる必要がある
と思ったのだ！　「ええっ？　パイナップル丸ごと？」とこぼした被験者まで
いた。「果物1皿」の絵柄をりんご1個にしても結果は同様だった。この場合は、
同じ果物を毎日食べ続けるなんて「単調」だ、という不平が1人から出た。

グラフが「エビデンスだ！」と思わせる

それでもグラフは魅力的だし、説得力がある。多くの人々がグラフを正しく

読めるか否かには関係ない。

2014年、ニューヨーク大学の研究者チームは、グラフがテキストメッセージに比べてどれほど説得力があるかを測るために、いくつかの実験を行った。法人税、収監率、子どもがビデオゲームをする理由、というそれぞれのテーマに関して、3つのグラフが人々の意見を変えるかどうかを調べたのだ。

ビデオゲームを例に取ると、子どもがゲームをするのは暴力が楽しいからだ、という一部メディアのメッセージとは反対に、実はくつろいだり、想像の羽を伸ばしたり、友達と遊びたいからゲームをするのだ、と被験者が思うようになれば、グラフのほうが説得力は強いということになる。

グラフによって多くの被験者の認識が変わった。グラフの主題について強い先入観を持たない被験者は、とくにそうだった。研究論文の執筆者たちは、「数字に支えられたエビデンス（証拠）」がもたらす「客観性の向上を一因として」こうした変化が起こったと推論した。

執筆者らが自覚しているとおり、この種の研究には限界がある。たとえば、被験者が何に説得力を感じたのかを正確に見極めるのは難しい。数字の視覚的表現なのか、それとも数字そのものなのか。「さらなる研究が必要である」というやつだが、さしあたり得られたエビデンスを見る限り、私たちの多くは数字とグラフをよく理解できるか否かにかかわらず、メディアにそれらが登場するだけで言いくるめられてしまうようだ。

正しいグラフだからといって主張が正しいとは限らない

グラフの説得力は馬鹿にできない。グラフはよく私たちに嘘をつくが、それは私たちが自分自身に嘘をつきがちだからだ。私たち人間は、自分の意見や偏見を補強するために数字やグラフを持ち出す。これは確証バイアスと呼ばれる心理的傾向だ。

厳格な移民制限を強く提唱する共和党議員のスティーブ・キング氏は、2018年2月、ツイッターに次のような投稿をした。

　不法移民は、米国民が尻込みするようなことをやっている。われわれは暴力による死亡率が米国の16.74倍にのぼる文化圏から若者を輸入しているのだ。その結果、米国民の死者が増えることを議会は**知らねば**ならない。

　キング氏は表も添付した。この中に米国は表示されていないが、85位で、暴力による死亡率は10万人当たり約6人だ。

図表0-18　キング氏がツイッターで示したグラフ

人口10万人当たりの暴力による死者数

順位	国	死者数	順位	国	死者数
1	エルサルバドル	93	11	パナマ	34
2	グアテマラ	71	12	コンゴ民主共和国	31
3	ベネズエラ	47	13	ブラジル	31
4	トリニダード・トバゴ	43	14	南アフリカ	29
5	ベリーズ	43	15	メキシコ	27
6	レソト	42	16	ジャマイカ	27
7	コロンビア	37	17	ガイアナ	26
8	ホンジュラス	36	18	ルワンダ	24
9	スワジランド	36	19	ナイジェリア	21
10	ハイチ	35	20	ウガンダ	20

　キング氏は自分が示したデータと表に惑わされ、結果として有権者と支持者の一部を惑わした可能性がある。これらの国々では暴力が蔓延している。それは確かだ。しかし、この表だけをもって、この国々から米国に移り住む人々が暴力的な性向を持っていると推論することはできない。真相は逆かもしれない！

　危険な国々から来る移民と難民は、おとなしく温和な人々であり、犯罪者らに邪魔されて努力も出世もままならない社会から逃げ出してきたのだとしても、少しもおかしくないのだ。

　1つ事例を挙げよう。私と同年代のスペイン人男性には、サッカー、闘牛、フラメンコ、そしてレゲトンの曲「デスパシート」をこよなく愛する者が非常に多い。私はスペイン人だが、どれも好きではないし、スペイン人の親友たち

も全員同じだ。戦略系ボードゲームをやったり、漫画本や大衆向けの科学書、SF を読んだりと、はるかにダサい娯楽のほうがいい。集団全員の統計的パターンに基づいて個々人の特徴を類推することには、常に慎重であらねばならない。科学者はこれを生態学的誤謬と呼ぶ。このことについては、追って説明する。

グラフを読み書きする力「グラフィカシー」

グラフはいろいろな方法で嘘をつくことができる。間違ったデータを示したり、不適切な量のデータを盛り込んだり、デザインが悪かったり。それに、たとえきちんと作られたグラフであっても、私たちが深読みしすぎたり、自分の信じたいものだけを見たりすることで、結局は嘘をつくこともある。グラフはまた、質の良いもの悪いものを含めてそこらじゅうにあり、しかも非常に強い説得力を持ちうる。

これらが組み合わさると、誤報やデマという最悪の事態につながりかねない。私たちはみな、しっかりとした知識に基づいて、注意深くグラフを読めるようになる必要がある。もっと「グラフィケイト（グラフ通）」にならねばならない。

地理学者のウィリアム・G・V・バルチンは、1950年代に「グラフィカシー」という言葉を生み出した。1972年、地理協会の年次会議で行った演説で、彼はその意味を説明した。リテラシーが読み書きの能力を、発話力が切れのよい発話の能力を、数値力が数値的証拠を操る能力を言うのであれば、グラフィカシーとは画像を読み取る能力であると述べた。

それ以来、グラフィカシーという言葉は多くの出版物に登場した。古典的作品『地図は嘘つきである』（晶文社）の著者で、地図専門家のマーク・モンモニア氏は、20年前に、教育を受けた成人であればみな、十分な水準のリテラシーと発話力だけでなく、数値力とグラフィカシーも身につけるべきだと記した。

今であれば、なおさらだ。現代社会の議論は、統計と、統計を視覚的に描くグラフをもとに行われる。知識を備えた市民としてそうした議論に加わるため

には、グラフを読み解き、利用する方法を知らねばならない。グラフの読み方が上達すれば、グラフデザイナーとしての腕も上がるかもしれない。グラフ作りは魔法ではない。普通のパソコンに搭載されていたり、ウェブ上で使用できる、Sheets（グーグル）、Excel（マイクロソフト）、Numbers（アップル）など、数多くのプログラムで作成できる。

　ここまでのところで、グラフが実際に嘘をつけることがおわかりいただけたと思う。しかし本書の終わりまでには、あなたが嘘を見破るだけでなく、良いグラフの中にある真実に気づけるようになっていることを証明したい。グラフは、適切にデザインし、解釈しさえすれば、私たちをより賢くし、会話を豊かにしてくれる。さあそれでは、グラフの驚くべき真実に開眼しよう。

第 1 章

だまされないための
グラフ・リテラシー入門

地図（?）としてのグラフの誕生

グラフについて最初に知るべきことはこれだ。

いかにデザインの良いグラフであっても、注意して見なければ誤解してしまう。

では、ちゃんと注意したら、その次は？　読めるようになる必要がある。グラフがいかに嘘をつくかを学ぶ前に、きちんと設計されたグラフがどういう仕組みになっているのかを学ばなければならない。

グラフ——可視化とも言う——は、文法と、ボキャブラリーすなわち記号と、多くの決まり事に基づいて作られる。これらを学べば、さまざまな誤読から身を守れる。

それでは基礎から始めよう。

1786年は、とても変わった本が出版された年だった。どうも書名が内容とずれている。『商業と政治の地図帳』。著者は博学者のウィリアム・プレイフェア氏。「地図帳？」。当時の読者は、ページをめくりながら首を傾げたかもしれない。「この本には地図なんて1つもないじゃないか！」。実はあったのだ。プ

図表1-1　18世紀に地図として描かれた初期のグラフ

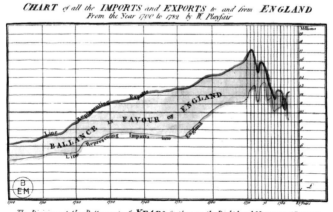

レイフェア氏が載せた図の1つがこれだ。

　普通の折れ線グラフに見えたのではないだろうか。時系列折れ線グラフとも呼ばれる。横軸は年、縦軸は大きさで、図面上を走る2本の線がその大きさの変化を示している。上側の濃い線がイングランドから諸外国への輸出、薄めの線がイングランドへの輸入。線の間に影がかけられ、輸出と輸入の差である貿易収支がわかりやすくなっている。

　今では、この種のグラフの読み方を説明する必要もなさそうだ。8歳になる3年生の私の娘でも、このようなグラフを見慣れている。しかし18世紀末は、そうはいかなかった。プレイフェア氏の地図帳は、グラフをとおして数字を系統的に描写した最初の本だったため、彼は紙幅を割いて、読者が見ているものを言語化している。

　プレイフェア氏が説明文を付けたのは、一見して直感的に理解できるグラフが珍しいのを知っていたからだ。つまり、文字で書かれた言語と同じく、グラフも記号と、記号に意味を持たせるにはどう配置すべきかを示す法則（構文あるいは文法）、そして意味そのもの（意味論）に基づいている。グラフの持つボキャブラリーや構文がつかめなかったり、見えている図から適切な推論ができなければ、グラフは読み解けない。

グラフの原理

　プレイフェア氏の著書に「地図帳」とあるのは、この本が本当に地図帳だからだ。この本の地図は地理的な位置こそ示していないが、伝統的な地図製作技術と、幾何学から借りてきた原則に基づいている。

　地球上のある地点の位置を示すには、どうするだろう。座標と経度、緯度を割り出そうとするだろう。たとえば、自由の女神像は北緯40.7°、西経74°に位置する。この位置を図示するには、横軸（経度）と縦軸（緯度）を引いてマス目を表示できる地図さえあればいい。

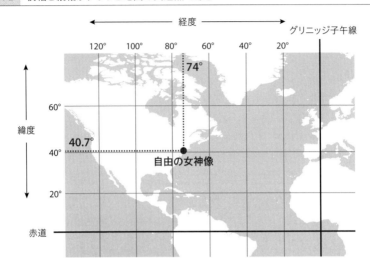

　折れ線グラフと棒グラフの発明につながったプレイフェア氏の発見は、「経度と緯度が数量であるなら、ほかのどんな数量にでも入れ代えられる」ということだった。たとえば経度（横軸）の代わりに年を、緯度（縦軸）の代わりに輸出と輸入量を使ってもよい。

　プレイフェア氏が見つけたのは、ほとんどのグラフの仕組みの中核をなす2つの要素だった。すなわち、グラフの骨格と視覚的符号化だ。

グラフを構成する要素

　ここからは少し技術的な話になるが、この章でほんの少し頑張れば、後々報われることは約束する。それに、この後の説明を読めば、どこでグラフを目にしても、たいていのものはわかるようになるだろう。我慢して付き合ってください（その甲斐はあります）。

　グラフをきちんと読むには、その中身を取り囲んで支えている仕様、すなわちグラフの骨格と、中身そのもの、すなわちデータがどのように表示されてい

るか、言い換えれば符号化されているかに注目しなければならない。

　骨格はタイトル、凡例、目盛り、署名欄（グラフを作ったのは誰？）、出典（情報の出所は？）などで構成されている。何についてのグラフで、何を、どう計測したものなのかを把握するには、これらを注意深く読むことが必須になる。骨格付きで中身を表示したグラフと、骨格のないものを比較した例がこちらだ。

図表1-3　グラフの骨格と中身をつかもう

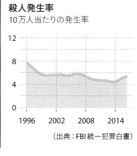

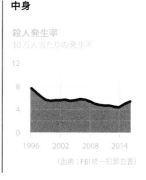

　この地図グラフの骨格には、色のグラデーションについての凡例が含まれている。色が濃いほど殺人発生率が高く、薄いほど低いことを示している。折れ

線グラフの骨格はタイトルと、計測単位を示すサブタイトル（「10万人当たりの発生率」）、年ごとの比較を容易にするための横軸と縦軸の軸ラベル、そしてデータの出典で構成されている。

時には、グラフの重要なポイントを強調する、あるいは明確にするため、短い説明文が添えられることもある（「米国で殺人発生率が最も高いのはルイジアナ州の10万人当たり11.8人」という説明文を私が加えたグラフを想像してみてほしい）。これは「注記レイヤー」と呼ばれ、ニューヨーク・タイムズ紙のグラフィックス部門で働くデザイナーらが作った用語だ。注記レイヤーもグラフの中身に含まれる。

核となる要素を視覚的に符号化する

ほとんどのグラフの核となる要素が、視覚的符号化だ。グラフには常に記号が使われている。必ずではないが、通常は長方形や円など幾何学的な記号で、表す数字に応じてその属性が一部変化するようになっている。グラフデザイナーは、データによってどの属性を変化させるかを選ぶが、その属性が符号化だ。

棒グラフを考えてみよう。棒の長さあるいは高さは、もとの数字に比例して変化する。数字が大きいほど棒は長く、あるいは高くなるだろう。

図表1-4　棒グラフは長さで符号化する手法

世界5大国の人口（2018年、単位：100万人）

中国	1,415
インド	1,354
米国	327
インドネシア	267
ブラジル	211

インドと米国を比較しよう。インドの人口は米国のおよそ4倍だ。私たちが選んだ符号化の手法は長さなので、インドの棒は米国の4倍の長さでなければならない。

位置の符号化で使う中央値とは

グラフで使える符号化は、長さや高さのほかにも多数ある。非常に人気のある手法の一つが位置だ。次のグラフで、横軸（x軸）上にドット（点）で示されているフロリダ州の各郡の位置は、1人当たりの年間所得に対応している。点が右に寄っているほど、その郡の個人は平均的に裕福だということになる。

図表1-5 位置で符号化された裕福度の例

各郡の1人当たり所得中央値（ドットは1つの郡） （出典：国勢調査局）

　このグラフはフロリダ州の郡ごとに、所得の中央値（メジアン）を比べている。中央値とは、全体の数を二等分する数値だ。例示しよう。ユニオン郡の所得の中央値は1万3590ドル。人口は約1万5000人。したがって中央値が告げているのは、ユニオン郡の住民のうち約7500人は年間所得が1万3590ドルより多く、残り7500人はこれより少ないということだ。しかし、中央値より**どれだけ**多い、あるいは少ないのかはわからない。所得ゼロの人もいるかもしれないし、一方で数百万ドル稼いでいる人がいてもおかしくない。

　なぜ、もっと広く知られている算術平均（平均）ではなく、中央値が使われているのだろう？　なぜなら、平均は極値によって非常に変化しやすく、一般的な所得水準よりずっと高く出るからだ。こんな状況を想像してみよう。あなたは住民100人の郡の所得を調査したい。住民の99％は年間所得が1万3590ドルに非常に近い。しかし1人だけ年間所得が100万ドルの住人がいる。

　この分布では、中央値は1万3590ドルで変わらない。住民の半分は所得がこれよりやや少なく、あと半分は多い。例の大金持ちの仲間は後者に入る。しか

し、平均は中央値よりずっと高い、2万3454ドルになる。これは郡の住民全員の所得を足して100で割った値だ。古いことわざにあてはめれば、ビル・ゲイツが会合に参加したとたん、部屋の全員が億万長者になる。出席者の財産の平均をとればの話だが。

脳は、視覚的なほうが数字の特徴をつかみやすい

ドットを使ったグラフの話に戻ろう。私たちの脳の大きな部分は、目が捉えた情報の処理に当てられている。数字が視覚的符号化を通じて示されているほうが、その数字の興味深い特徴を見つけやすいことが多いのはこのためだ。**図表1-6**の数表を見てほしい。フロリダ州のすべての郡と、その所得中央値が示されている。これもグラフの一種だが、視覚的符号化が用いられていない。

1つか2つの郡の所得中央値のように、個々の具体的な数字を見たいときには、表は素晴らしい形式だ。しかし、必要なのはすべての郡を俯瞰することだ、というときには向かない。

この点をおわかりいただくために、数表よりもドットのグラフのほうが、データの次の特徴をいかに識別しやすいかに着目しよう。

- 最低値と最高値が、残りの値と比較できる。
- フロリダ州のほとんどの郡は、米国の他の地域よりも所得中央値が低い。
- セントジョンズ郡と、ラベルは付けていないがもう一つの郡は、中央値がフロリダ州の残りの郡より明らかにずっと高い。
- フロリダ州の貧しい郡の中でも、ユニオン郡だけは突出して貧しい。ユニオン郡のドットと他のドットの間が離れているのを見てほしい。
- 所得中央値が低い郡のほうが、高い郡よりもずっと数が多い。
- 州の所得中央値（2万7598ドル）を下回る郡のほうが、上回る郡よりはるかに多い。

最後の点だが、そんなことありえる？　なにしろ私は、中央値とは人口を二

図表1-6 この表の数字が示す興味深い特徴は何？

郡	1人当たり所得（$）	郡	1人当たり所得（$）	郡	1人当たり所得（$）
アラチュア郡	24,857	ハミルトン郡	16,295	ナッソー郡	28,926
ベイカー郡	19,852	ハーディ郡	15,366	オカルーサ郡	28,600
ベイ郡	24,498	ヘンドリー郡	16,133	オキーチョビー郡	17,787
ブラッドフォード郡	17,749	ヘルナンド郡	21,411	オレンジ郡	24,877
ブレバード郡	27,009	ハイランズ郡	20,072	オセオラ郡	19,007
ブロワード郡	28,205	ヒルズボロ郡	27,149	パームビーチ郡	32,858
カルフーン郡	14,675	ホームズ郡	16,845	パスコ郡	23,736
シャーロット郡	26,286	インディアンリバー郡	30,532	ピネラス郡	29,262
シトラス郡	23,148	ジャクソン郡	17,525	ポーク郡	21,285
クレイ郡	26,577	ジェファーソン郡	21,184	パットナム郡	18,377
コリアー郡	36,439	ラファイエット郡	18,660	セントジョンズ郡	36,836
コロンビア郡	19,306	レイク郡	24,183	セントルーシー郡	23,285
デソト郡	15,088	リー郡	27,348	サンタローザ郡	26,861
ディキシー郡	16,851	レオン郡	26,196	サラソータ郡	32,313
デュバル郡	26,143	レビー郡	18,304	セミノール郡	28,675
エスカンビア郡	23,441	リバティ郡	16,266	サムター郡	27,504
フラグラー郡	24,497	マディソン郡	15,538	スワニー郡	18,431
フランクリン郡	19,843	マナティ郡	27,322	テイラー郡	17,045
ガズデン郡	17,615	マリオン郡	21,992	ユニオン郡	13,590
ギルクリスト郡	20,180	マーティン郡	34,057	ボルーシャ郡	23,973
グレーズ郡	16,011	マイアミ・デイド郡	23,174	ワクラ郡	21,797
ガルフ郡	18,546	モンロー郡	33,974	ウォルトン郡	25,845
フロリダ州	**27,598**			ワシントン郡	17,385
米国	**31,128**				

（すべて中央値）

等分する値だと書いたばかりだ。それが本当なら、グラフの半分の郡が州の中央値より貧しく、あと半分が中央値より裕福なはずでは？

　ところが、そうはならない。2万7598ドルという数字は、フロリダ州67郡の中央値の中央値ではない。どの郡に住んでいるかにかかわらず、とにかくフロリダ州の住民2000万人超の所得の中央値だ。つまり、所得が2万7598ドルより少ないのはフロリダ州の住民の半分であり、郡の半分ではない。2万7598

ドルより多く稼いでいるのは、残り半分の住民だ。

　グラフの歪みらしき現象が起こったのは、比較的裕福な郡と貧しい郡の間に、人口の差があるためかもしれない。

　検証するために、符号化の手法として同じく位置を用いたグラフを作ってみよう。ここでも x 軸上の位置は各郡の所得中央値に対応している。y 軸上の位置は人口に対応する。できあがった散布図を見る限り、私の直感は間違っていないようだ。フロリダ州で最も人口の多いマイアミ・デイド郡の所得中央値は、州の中央値よりわずかに低い（同郡のドットは、州の所得中央値を示す垂直の赤

図表1-7　州の所得中央値を上回る郡と下回る郡（縦軸は郡の人口）

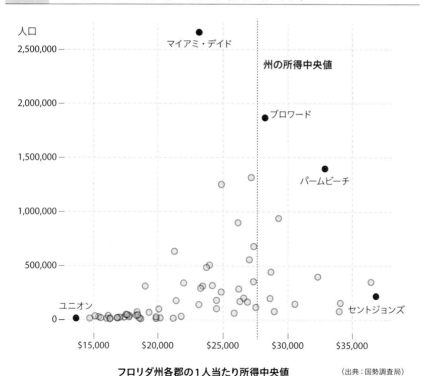

フロリダ州各郡の1人当たり所得中央値
ドットは1つの郡　9つの郡はデータなし

（出典：国勢調査局）

い線より左にある）。ブロワードやパームビーチなど、ほかの大規模郡は所得が
州の中央値を上回っている。

　左側に数多くある郡を詳しく見てみよう。個別には人口が少ない（縦軸上の
位置）郡が多いものの、人口を全部合わせると、グラフ右側に位置する裕福な
郡と肩を並べる。

所得と学歴の関係？

　一握りの数字で遊んだだけで、グラフの興味深い特徴がたくさん見つかった。
では、ほかにも何か試してみよう。まずは縦軸を変えてみよう。縦軸上の各ドッ
トの位置を人口に対応させる代わりに、各郡で2014年までに大学の学位を
取った人のパーセンテージに対応させる。上に位置する郡ほど、大学教育を受
けた人の割合が大きいということだ。

　次に、人口密度、つまり1平方マイル当たりの人口に応じてドットのサイズ
を変更しよう。これまでに「長さ／高さ」と「位置」を見てきたが、もう一つ
の符号化の手法である「面積」について学んでいく。バブルが大きいほど、そ
の郡の人口密度は高い。今度もすべてのドットの縦軸、横軸上の位置に注意し
ながら、少し時間をかけてグラフを読んだうえで、**図表1-8**のグラフが何を示
しているのか考えてみよう。

　ざっと見て、いくつかのことがわかる。

- 一般に、郡の所得中央値が大きい（横軸上の位置）ほど、大学教育を受け
  た人の数（縦軸上の位置）は多い。所得と教育は正の相関関係にある。
- このパターンにはいくつかの例外がある。たとえば、フロリダの州都タラ
  ハシーがあるレオン郡は大卒者の割合が非常に大きいが、所得中央値はさ
  ほど高くない。これには多くの要因があるのかもしれない。たとえば、タ
  ラハシーは大きな貧困地域を抱える一方で、政府で働くこと、あるいは権
  力者が集う場所の近くに住むことを望む、非常に裕福で高学歴の人々を引
  き付けている、ということかもしれない。

図表1-8　各州の所得中央値と学歴（バブルの大きさは人口密度）

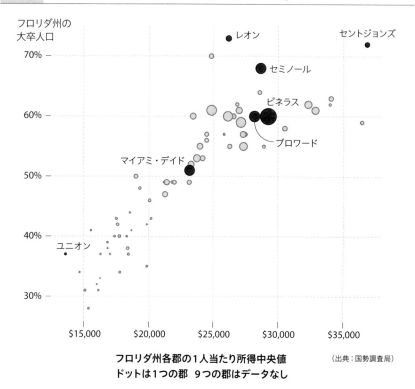

フロリダ州の
大卒人口

レオン　　　　　　　セントジョンズ

70% ―

セミノール

ピネラス

60% ―

ブロワード

マイアミ・デイド

50% ―

40% ―

ユニオン

30% ―

$15,000　　　$20,000　　　$25,000　　　$30,000　　　$35,000

フロリダ州各郡の1人当たり所得中央値
ドットは1つの郡　9つの郡はデータなし

（出典：国勢調査局）

- 人口密度をバブルの面積で符号化したことにより、裕福で大卒人口の多い郡は、貧しい郡に比べて人口密度が高い傾向にあることが明らかになった。

グラフを読む4つのワザ

　あなたがめったにグラフを読まない人なら、どうしてそんなに素早くいろんなことを読み取れるのだろう、と思うかもしれない。グラフを読むのは文章を読むのと似ている。訓練したぶんだけ、素早く大事なことを見抜けるようにな

るのだ。

とはいえ、誰でも使えるワザがいくつかある。

第一に、常に目盛りのラベルに目配りすること。グラフが何を測っているのかを知るためだ。

第二に、散布図という名前には訳がある。ドットの散布度合い、つまりバラつき方や、グラフ上の異なるエリアに集中している様子を示すように作られている。このグラフ上のドットは横にも縦にもかなりバラついており、郡ごとに所得中央値が大きく異なることを示している。所得が非常に低い郡もあれば、

図表1-9 4等分すると見えてくるものがある

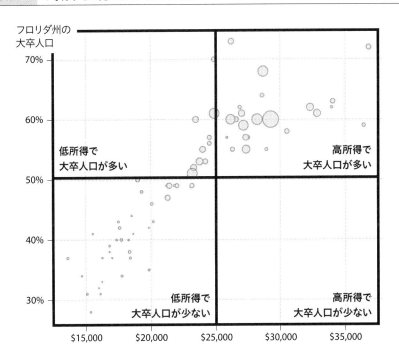

フロリダ州各郡の1人当たり所得中央値　（出典：国勢調査局）
ドットは1つの郡　9つの郡はデータなし

非常に高い郡もある。大学教育についても同じことが言える。

　3番目のワザは、グラフを頭の中で四分割し、それぞれに名前を付けることだ。頭の中で線を引いただけでも、右下の四角形の中には郡が1つも存在せず、左上の四角形にも少ないことがすぐに把握できるだろう（**図表1-9**）。ほとんどの郡は右上（高所得、高学歴）か左下（低所得、低学歴）に属する。

　4番目のワザは、バブルの群れのだいたい真ん中を通る、想像上の線を引いてみることだ。すると1人当たり平均所得と大卒者比率の関係について、大雑把な方向性が見えてくる。このグラフでは右肩上がりの線になる（すっきりとさせるために目盛りのラベルは消した）。

図表1-10　おおよその真ん中に想像上の線を引いてみる

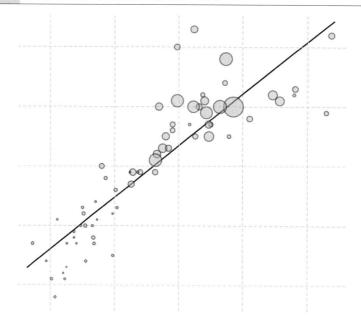

　これらのワザを使うと、だいたいの方向性は右肩上がり、つまり横軸（収入）上の数字が大きくなるほど、縦軸（大卒者比率）の数字も大きくなっているこ

とに気づくだろう。これは正の相関だ。序章で見たとおり、負の相関というのもある。たとえば、所得は貧困率と負の相関関係にある。貧困率を縦軸（y軸）上に置くと、トレンド線は右肩下がりになり、ある郡の所得中央値が高いほど貧困率は低くなる傾向が示されるだろう。

　このようなグラフを見て、これは因果関係だと類推するのは禁物だ。統計学者の合言葉は「相関は因果関係と等しくない」。もっとも、十分な研究を尽くす限りにおいて、相関はしばしば異なる現象の間の因果関係を特定する第一歩になる（これについては第6章でさらに取り上げる）。

　統計学者が言わんとするのは、1つのグラフだけをもって、大卒者が多ければ所得は高くなる、あるいはその逆だとは言えない、ということだ。こうした主張は正しいかもしれないし、間違っているかもしれない。あるいは、このグラフが示す所得中央値と大学教育との高い相関には、別の原因があるのかもしれない。知る由もない。グラフが単体で最終的な答えを出してくれることはめったにない。グラフは興味深い特徴を発見するのに役立ち、その特徴が後々、ほかの方法で答えを探す手掛かりになるかもしれない。良いグラフは、良い設問の力になる。

面積を使ったグラフで誤解を生みがちなこと

　符号化の方法として面積を用いるのは、地図グラフではよくあることだ。序章では、2016年の米大統領選挙における主要候補の得票数を示す、バブルチャート地図をいくつか見た。ここでもう一つ紹介するのは、バブルの面積が郡の人口に比例している地図だ（**図表1-11**）。

　マイアミ・デイドを囲んだのは私が住んでいる郡だからで、ロサンゼルス郡を囲んだのは、ここまで人口が多いのを私が知らなかったからだ。ロサンゼルスは米国で最も人口の多い郡で、マイアミ・デイドの4倍近い。2つのバブルを並べたうえで、棒グラフを使い、このデータを長さでも符号化してみよう。

図表1-11　数字よりは違いが大きく感じられない？

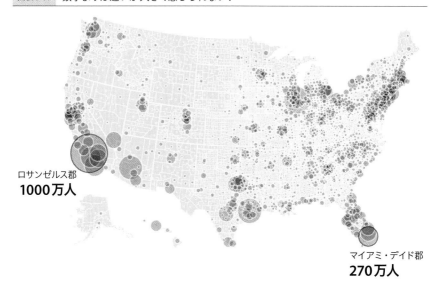

ロサンゼルス郡
1000万人

マイアミ・デイド郡
270万人

図表1-12　地図グラフのほうが大きさの差を感じにくい？

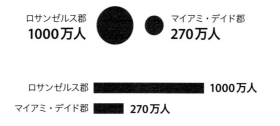

人口を面積（バブルチャート）で符号化すると、長さあるいは高さ（棒グラフ）で符号化した場合に比べ、2つの郡の規模の違いがさほど劇的に見えなくなることに注意してほしい。

なぜだろう？　こう考えてみよう。住人1000万人の郡は、270万人の郡の約4倍の人口だ。オブジェクトが本当に数字と比例しているなら、マイアミ・デ

イドの大きさのバブル4個分がロサンゼルスのバブルにぴったり収まり、マイアミ・デイドの長さの棒4本分がロサンゼルスの棒と一致するはずだ。嘘だと思うなら、自分の目で確かめてみよう（小さいほうの黒枠の円4つは重なっているが、重なっている部分の面積は、円の間の空間の面積と近い）。

図表1-13 面積と長さは取り扱いが違うことに注意が必要！

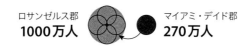

デザイナーがバブルでデータを表すときに非常によくやる間違いは、バブルの面積ではなく、まるで棒グラフのように高さや長さ、つまり直径を動かすことだ。これは数字の差を誇張したいときによく使われるトリックでもあるので、気をつけよう。

ロサンゼルスの人口はマイアミ・デイドの約4倍だが、円の高さを4倍にすると、幅も4倍になる。つまり元のサイズの4倍ではなく、16倍になってしまうのだ！　ロサンゼルスとマイアミ・デイドのバブルを、面積（正しい）では

図表1-14 直径の長さを4倍にすると、バブルは16倍になってしまう！

なく直径（間違い）に応じて伸縮させるとどうなるか、見てほしい。マイアミ・デイドの大きさのバブル16個が、ロサンゼルスのバブルに収まってしまう。

面積を符号化に使う新顔のグラフ

ほかにも多くの種類のグラフが、符号化の手段として面積を使っている。たとえば、ニュースメディアで多用されるようになったツリーマップだ。名前とは裏腹に、まるでツリー（木）には見えない。さまざまな大きさの長方形で作ったパズルのようだ。一例がこちら。

図表1-15　コンパクトに階層化したデータを示せるツリーマップ

地域、国ごとの人口

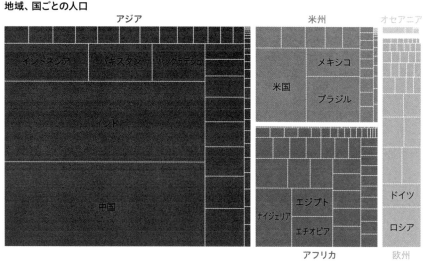

（出典：国連）

ツリーマップという名が付いたのは、階層が入れ子構造で示されているからだ。（訳注：ツリー状のグラフをコンパクト化するために、この形が編み出された）ここに示したグラフでは、各長方形の面積が国の人口に比例している。1つの大陸内にあ

る長方形の合計面積もまた、その大陸の人口に比例している。

　ツリーマップは、同じく面積に基づくグラフとしてより一般的な、円グラフの代わりに使われることがある。先のグラフと同じく、大陸の人口データを表す円グラフがこれだ。

図表1-16　円グラフは角度で符号化している

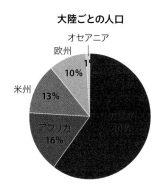

大陸ごとの人口

　円グラフの各セグメントの面積はデータに比例するが、各セグメントの角度（角度も符号化手段の一つだ）と円周に沿った弧もまたデータに比例する。円周は360度。アジアは世界人口の60％を占める。360の60％は216。したがって、アジアのセグメントを仕切る2つの境界線が作る角度は216度でなければならない。

色の濃淡、線の幅による符号化

　長さ／高さ、位置、面積、角度のほかにも符号化の手段はたくさんある。なかでも人気の高い手段の一つが色だ。この本の冒頭では、色の種類と色の濃淡の両方を用いた地図を紹介した。色の種類（赤とグレー）は、各郡でどちらの候補が勝利したかを、濃淡は勝利候補の得票率を表していた。

　次の2つの地図は、米国の郡ごとに、アフリカ系米国人とヒスパニック系の

パーセンテージを示している。グレーが濃いほど、人口に占めるいずれかの住民の比率が大きい。

図表1-17 地域ごとの特徴が一目でわかる地図グラフ

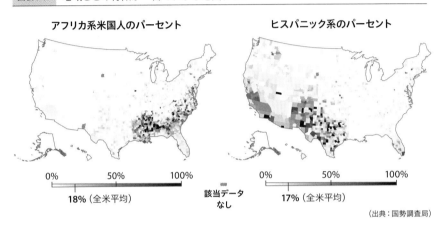

アフリカ系米国人のパーセント　　　ヒスパニック系のパーセント

0%　　50%　　100%　　　　　0%　　50%　　100%

18%（全米平均）　　該当データ　　**17%**（全米平均）
　　　　　　　　　　　　なし

（出典：国勢調査局）

　ヒートマップと呼ばれるグラフでは、色の濃淡が最大限に活用されている。次のグラフでは、1951-80年の平均気温に比べ、月単位、年単位で世界の気温が、摂氏でどれだけ変化したかが赤色の濃さに比例している。

　長方形が積み重なる縦列はそれぞれ1年で、横列は年ごとの月の変化を示す。ヒートマップの目盛りは、これまで見てきたほかのグラフほど正確かつ詳細ではない。このグラフの目的は、細かい数字ではなく、全体的な変化に着目することだからだ。現在に近づくほど、ほとんどの月で気温が上昇していることが見て取れる。

　このほかにも、もう少し一般的ではないデータ符号化の方法がある。たとえばオブジェクトの位置や長さ、高さを変える代わりに、幅や厚みを変えてもよい。ウェブサイト「アクシオス」のためにラザロ・ガミオ氏がデザインした**図表1-19**のグラフが一例だ。線の幅は、トランプ大統領が2017年1月20日から10月11日にかけてソーシャルメディア上で批判した、人や組織の数に比例し

図表1-18 厳密ではないが、趨勢がわかりやすいヒートマップ

世界の平均気温（各月）

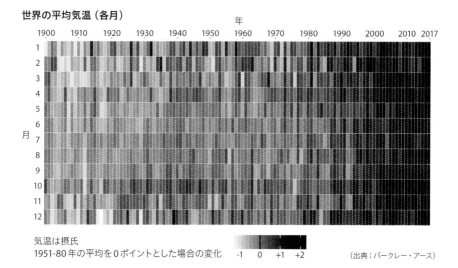

気温は摂氏
1951-80年の平均を0ポイントとした場合の変化　-1　0　+1　+2

（出典：バークレー・アース）

図表1-19 線の幅を使った符号化でユニークな効果を出すグラフ

トランプ氏が大統領就任以来、ツイッターで攻撃したすべての対象

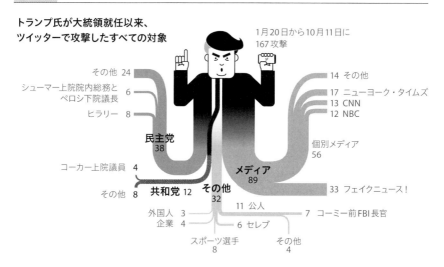

1月20日から10月11日に
167攻撃

ている。

複合的な符号化で効果を生むグラフ

　まとめると、大半のグラフは線や長方形、円といった記号の属性をさまざまに変化させることによって、データを符号化する。この属性が、私たちが学んだばかりの符号化の方法、つまり高さや長さ、位置、大きさや面積、角度、色の種類や濃淡などに当たる。複数の符号化手法を組み合わせたグラフがあることも学んだ。

　それではテストだ。次のグラフは1950年から2005年にかけての、スペインとスウェーデンの合計特殊出生率を示したものだ。合計特殊出生率とは、ある国の女性1人が産む子どもの平均人数。見てわかるとおり、1950年代にはスペイン人女性が産んだ人数は平均でスウェーデンより多かったが、1980年代にこれが逆転した。ここでどんな符号化の手法が用いられているか見つけてみよう。

図表1-20　このグラフの符号化手法は何？

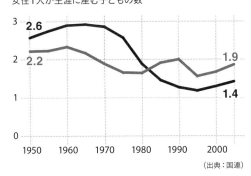

スペインとスウェーデンの合計特殊出生率
女性1人が生涯に産む子どもの数

（出典：国連）

　第1に、色の種類だ。2つの国を見分けるのに用いられており、スペインが

赤、スウェーデンがグレーとなっている。

　数量そのもの、つまり女性1人が出産した子どもの数は、一義的には位置を通じて符号化されている。折れ線グラフは、横軸——この場合は年——と、計測する数量の大きさに対応する縦軸に沿って点を配置し、それを線で結ぶとでき上がる。線を消してみても、スペインとスウェーデンの合計特殊出生率の変化を示す図には変わりない。ただ、少しわかりにくくなる。

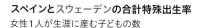
図表1-21　点だけだと途端にわかりにくくなる

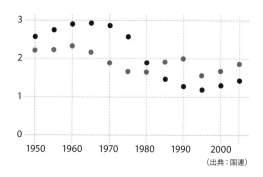

　折れ線グラフでは、勾配も情報を伝えている。点を線で結んでできた勾配は、変化がどれほど急か、あるいはフラットかの良い目安になるからだ。

　次のグラフ（**図表1-22**）はどうだろう？　符号化の方法は何だろう？

　真っ先に気づいたのは色の濃淡ではないだろうか。国の色が濃いほど、1人当たりの国内総生産（GDP）が多い。2番目は面積だ。バブルは人口100万人超の大都市部に住む人の数を表している。たとえばマイアミが地図上にないのはこのためだ。マイアミ一帯（グレーターマイアミ）は複数の都市がスプロール化した広大な都会だが、どの都市も人口は100万人に満たない。

　だが、まだほかにもある。位置も符号化の手法だ。なぜ？　この章の最初に

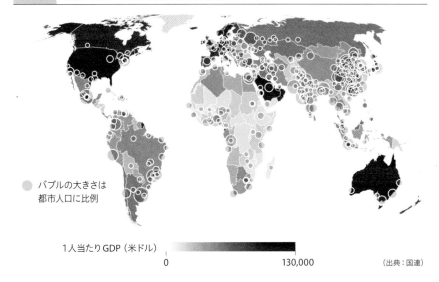

図表1-22 濃淡、面積、位置で複合的に符号化したグラフ

バブルの大きさは
都市人口に比例

1人当たりGDP（米ドル）

0   130,000   （出典：国連）

学んだことを思い出してみよう。地図は、横軸（経度）と縦軸（緯度）に基づいて平面上に点を配置することで構築されている。地図上の陸塊と国境は小さな点を数多く結んでできており、都市のバブルの位置も緯度と経度によって決まっている。

私たちが持つ「グラフを読むためのメンタルモデル」とは？

　人がどのようにグラフを読むかについて記した認知心理学者たちは、私たちの予備知識と予想が決定的な役割を果たすと指摘している。脳には、ああなったらこうなるはずだ、という「メンタルモデル」が蓄えられており、それを目の前の図形と比較しているという。

　心理学者のスティーブン・コスリン氏は、「適切な知識の原則」という考え方まで持ち出している。これをグラフに当てはめると、デザイナー（私）と読者（あなた）がきちんと意思疎通するためには、何についてのグラフか、また

データの符号化、記号化にどの方法が用いられているかについて、両者が認識を共有している必要があるということだ。つまり、ほかでもないその種のグラフに何を期待するかについて、私たちはだいたい同じメンタルモデルを持っている必要がある。

　メンタルモデルは時間と努力を大いに節約してくれる。折れ線グラフに関するあなたのメンタルモデルが、次のようだったとしよう。「時間（日、月、年）は横軸上に、量は縦軸上にプロットされており、データは線で表現されている」。これがあなたのメンタルモデルなら、次のようなグラフは座標軸のラベルやタイトルにさほど注意を払わなくても、すぐに読み解けるだろう。

図表1-23　さほど苦労せずに読み解けるグラフ

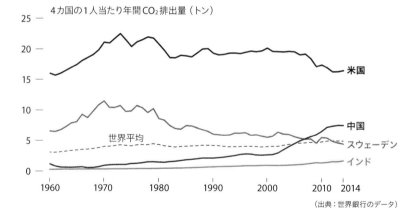

2014年の中国人1人当たりのCO₂排出量は、
1960年のスウェーデン人1人当たりのそれより多い

しかし、メンタルモデルは私たちを迷わせることもある。折れ線グラフに関する私自身のメンタルモデルは、今説明したものよりずっと広く、柔軟だ。もしあなたが折れ線グラフについて、「時間は横軸、大きさは縦軸」というメンタルモデルしか持っていなかったとしたら、次のようなグラフを見て面食らうだろう。

図表1-24 最初は戸惑う？　平行座標プロットのグラフ

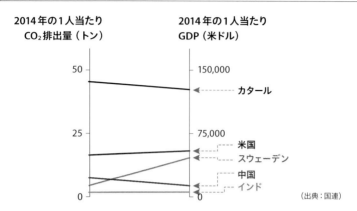

これは平行座標プロットと呼ばれる、やはり線を使ったグラフだが、横軸は時間ではない。軸のヘッダを読むと、2つの変数が別個に存在するのがわかる。1人当たりの二酸化炭素（CO_2）排出量と、1人当たりの国内総生産（GDP、ドル建て）だ。線でデータを表すすべてのグラフと同様、このグラフの符号化手段は位置と勾配だ。それぞれの目盛りに照らし、国の位置が高いほどCO_2排出量、あるいは人々の富が大きい。

平行座標プロットは、異なる変数同士を比べ、その関係を見るために発明された。各々の国について、線が上がっているか下がっているかに着目しよう。カタール、米国、インドの線はほぼフラットで、片方の軸上ともう一方の軸上の位置がほぼ一致する（つまり、排出量の多さと富の大きさが見合っている）ことを示している。

今度はスウェーデンを見てみよう。スウェーデンの人々は比較的、CO_2排出量は少ないが、1人当たりGDPは米国民と同じくらいに多い。次に、中国とインドを比べよう。両国は1人当たりのCO_2排出量よりも、1人当たりGDPのほうがずっと近い。なぜだろう？　私にもわからない。グラフは常に疑問に答えてくれるわけではない。ただ、興味深い事実を発見する効率的な方法であり、その事実をもとに好奇心を持ち、データについてより良い設問ができるよ

うになる可能性があるのだ。

さまざまな形をとる悩ましい散布図

　もうひとつチャレンジしてみよう。この章を読み進めてきたあなたは、散布図について、かなり良いメンタルモデルを備えたことだろう。このグラフは割とシンプルなはずだ。私が好奇心を持ったいくつかの国にラベルを付けてある。

図表1-25　スタンダードな散布図

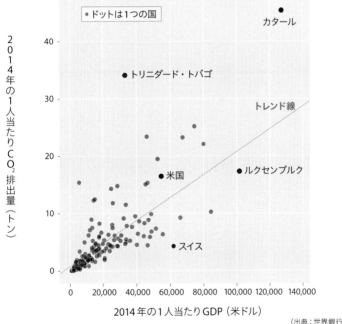

（出典：世界銀行のデータ）

　伝統的な散布図についてメンタルモデルを形成済みのあなたなら、国民が裕福な国ほどCO_2排出量が大きいことがわかるはずだ。いくつかの例外はあり、一部をハイライトで強調している。しかし、折れ線グラフのように見える次の

散布図を見たらどうだろう？

図表1-26 読み方が難しい接続散布図

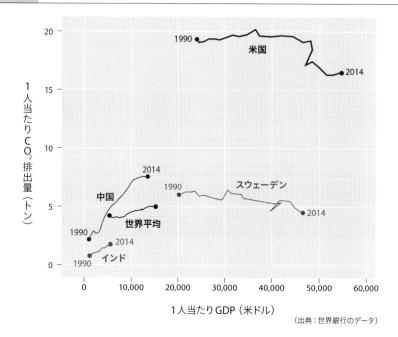

（出典：世界銀行のデータ）

　あーもう限界、こんな本投げ捨ててやる、と言われる前に白状しよう。私も初めてこの種のグラフを見たときには混乱しました。こうしたグラフは接続散布図と呼ばれることが多く、言葉で解説するのが少し難しい。次のように考えてみよう。

- それぞれの線は国だ。国の線が4本に加え、世界平均の線がある。
- 年に対応する点を結んで線ができている。各線について、1990年と2014年を示す最初と最後の点だけにラベルを付けてある。
- 横軸上の点の位置は、その国のその年の1人当たり GDP とを表している。
- 縦軸上の点の位置は、その国がその年に排出した1人当たりの CO_2 の量を表している。

　グラフ上の線は、道のようなものだ。国民が年々、平均的に裕福になったか貧しくなったかに応じて左右に動き、平均的にCO_2排出量を増やしたか減らしたかに応じて上下に動く。わかりやすくするために、標識と風配図を付け加えてみる。

図表1-27　これを見ると接続散布図がわかりやすくなる

線がこの方向に動いた年、その国の人々は……

　　　　　　CO_2排出量を増やした

貧しくなった　◄──────►　裕福になった

　　　　　　CO_2排出量を減らした

*この年は経済危機が原因で、両国ともに国民が
　貧しくなり、CO_2排出量も減った

　いったいなぜ、こんなに変なやり方でデータをプロットするのか？　答えは、このグラフが伝えようとしていることにある。つまり、少なくとも先進国では、富の増加が必ずしもCO_2排出量の増加につながらないことを示すためだ。私が選んだ2つの富裕国、米国とスウェーデンでは、1990年から2014年にかけて国民は平均的に裕福になったが、CO_2排出量は減った。すなわち両年を示す点は横に大きく離れており、かつ両国とも、1990年の点のほうが2014年の点より高い位置にある。

　発展途上国における GDP と CO_2排出量の関係は、先進国とは異なることが多い。これらの国々は通常、CO_2を多く排出する工業と農業の規模が大きいからだ。1つ前のグラフで私が選んだ中国とインドの場合、人々が裕福になる（2014年の点のほうが1990年より右にある）のと並行して、CO_2排出量も増えている。2014年の点は1990年よりずっと高い位置にある。

　そうしたメッセージを伝えたいなら、次のグラフのように、一対の折れ線グラフによって、1人当たりのCO_2排出量と GDP という2つの変数を示すこともできるのではないか、と思ったかもしれない。私も同感だ。

図表1-28　こちらのほうがわかりやすいかもしれない

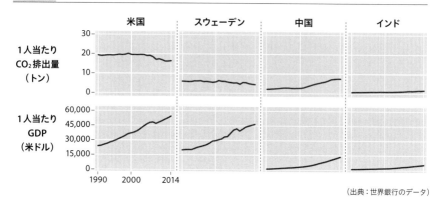

（出典：世界銀行のデータ）

価値のある情報を豊富に含んだグラフを読むには努力が必要

　序章で私が、多くの人が思っているのとは違い、グラフが直感的に理解できるのは珍しいと注意喚起したのは、接続散布図のようなグラフがあるからこそだ。

　グラフを正しく読むには、あるいは初めて見る種類のグラフについて良いメンタルモデルを育むには、よく注意し、何であれ決めてかからないことが重要だ。グラフは文法とボキャブラリーに基づいている。それらは記号（線、円、棒）、視覚的符号化（長さ、位置、面積、色など）、テキスト（注記レイヤー）から成る。これらによって、グラフは書き言葉に勝らずとも劣らない柔軟性を得ている。

　文章で何かを表現するときには、単語を文に、文を段落に、段落を節や章に、と次々に組み合わせていく。文における単語の順序は構文規則によって決まるが、何を伝えたいか、どのような感情的効果を加えたいかによっても変わりうる。以下に挙げるのは、ガブリエル・ガルシア＝マルケスの傑作『百年の孤独』の冒頭だ。

　　長い歳月が流れて銃殺隊の前に立つはめになったとき、恐らくアウレリャノ・ブエンディア大佐は、父親のお供をして初めて氷というものを見た、あの遠い日の午後を思いだしたにちがいない。（新潮社）

これらの単語を違った組み合わせにして、同じ情報を伝えることもできるだろう。

　　アウレリャノ・ブエンディア大佐は、父親のお供をして初めて氷というものを見た、あの遠い日の午後を思いだしたにちがいない。それから長い歳月の後、銃殺隊の前に立ちながら。

　前者には音楽性が感じられるが、後者はぎこちなく、パッとしない。しかし、どちらも同じルールに従っているので、同じ量の情報を伝えている。ゆっくりと丹念に読めば、どちらの文章からも同じ内容がつかめるが、前者のほうが後者より、読んでいて楽しい。グラフでも似たことが起こる。斜め読みでは理解できない。
　自分では理解できたと信じていても。そして良くデザインされたグラフは、情報に富むだけでなく、優雅で、まるで気の利いた一節のように、ときには茶目っ気や驚きさえ備えている。
　『百年の孤独』の冒頭のような、長く深く複雑な文がパッと見で理解できないのと同様に、価値ある情報を豊富に含んだグラフを読むときには、ある程度の作業がしばしば必要になる。良いグラフはイラストではなく、視覚的な議論、もしくは議論の一部だ。その議論をどう追っていけばよいのだろうか？　ワシントン・ポスト紙のデータ記者、デイビッド・バイラー氏が作成した、複雑ながらも啓発的なグラフに、私が赤枠の番号を書き加え、手順を説明してみた。

１ タイトル、前書き（あるいはキャプション）、出典
　グラフにタイトルと説明書きがある場合、最初にそれを読もう。出典に触れていたら、それにも目を通す（これについては第3章でさらに説明する）。

図表1-29　このグラフを読み解く手順は？

補欠選挙で民主党が躍進 **1**

2017年1月のトランプ大統領就任以来、補欠選挙で民主党候補が大きく躍進。
多くの選挙区で、2016年大統領選結果に比べて民主党の得票が大幅に増えた。

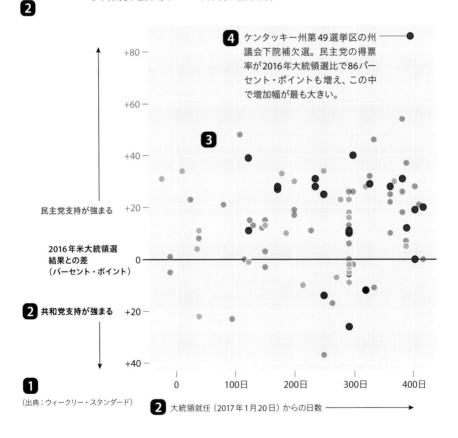

円は補欠選挙 **2**

● 民主党が議席奪う　　● 民主党が議席維持
● 共和党が議席奪う　　● 共和党が議席維持　**2**

4 ケンタッキー州第49選挙区の州議会下院補欠選。民主党の得票率が2016年大統領選比で86パーセント・ポイントも増え、この中で増加幅が最も大きい。

3

+80 —
+60 —
+40 —
民主党支持が強まる　　+20 —

2016年米大統領選
結果との差
（パーセント・ポイント）　0

2 共和党支持が強まる　+20 —

+40 —

1

（出典：ウィークリー・スタンダード）

0　　100日　　200日　　300日　　400日

2 大統領就任（2017年1月20日）からの日数

2 計測対象、単位、目盛り、凡例

　グラフは、何をどう計測したのかを伝える必要がある。デザイナーはテキストと視覚の両方でそれができる。ここでは縦の目盛りが2016年米大統領選の結果と、補欠選挙の結果の差に対応している。横の目盛りはトランプ大統領が就任した2017年1月20日からの日数。色の凡例を見ると、円は各補欠選挙でどちらが勝ったかを示していることがわかる。

3 視覚的符号化の方法

　既に1つは特定できただろう。色だ。グレーは民主党の勝利を、赤は共和党の勝利を示している。色の濃淡は、いずれかの政党が相手の党から議席を奪ったかどうかに対応している。

　2番目の符号化の方法は位置だ。縦軸上の位置は、2016年の大統領選の結果との差（パーセント・ポイント）に比例している。言い換えると、円がゼロの基準線より上にあるほど、民主党が2016年に比べて善戦しており、円が基準線を下回っている場合には逆のことが言える。

　さらにわかりやすく説明しよう。これらの選挙区の1つでは、2016年の大統領選でドナルド・トランプの得票率がヒラリー・クリントンを30パーセント・ポイント上回ったと想像してほしい。その後、同じ選挙区で補欠選挙が行われ、無所属や第3党の候補者は出馬しなかったとする。民主党候補の得票率が共和党候補を10パーセント・ポイント上回ると、この選挙区はグラフ上で＋40（30＋10）の位置に表示される。

4 注記を読む

　デザイナーはときどき、主な結論を強調するために短い注記をそえる。このグラフでは、ケンタッキー州第49選挙区が強調されている。2016年、ドナルド・トランプは同選挙区で49パーセント・ポイントの差をつけて勝利した。しかし2018年の補欠選では、民主党候補が36パーセント・ポイントの差で勝ったので、合計は実に＋85ポイント（49＋36）となる。

❺ 俯瞰してパターン、トレンド、関係性を見つける

　このような複雑なグラフの仕組みがわかったら、次にはズームアウトして、グラフから見えてくるかもしれないパターン、トレンド、関係性を考えてみる。俯瞰するときには、個々の記号——この場合は円——に着目するのをやめ、それらをかたまりとして見るようにしよう。私が気づいた点は以下のとおりだ。

- 2017年1月20日以来、民主党が共和党から奪った議席数のほうが、共和党が民主党から奪った数よりずっと多い。実際、共和党は1議席しか奪っていない。
- とはいえ、民主党も共和党も多くの議席を維持している。
- ゼロの基準線の下にある円より、上にある円のほうがずっと多い。これは、大統領就任後の400日間に、2016年の大統領選の結果に比べて、民主党が大きく躍進したことを意味している。

　これら全部を把握するのに、私はどのくらいの時間をかけただろうか？　たぶん、あなたが思うよりもずっと長い時間だ。もっともそれは、グラフの設計が悪い証拠にはならない。

　私たちの多くは学校で、すべてのグラフは、一見して解読しやすくなければならない、と教わったが、そんなことは往々にして非現実的だ。初歩的なグラフや地図には即座に読めるものも実際にあるが、その他多数、特に深く濃密なメッセージを含むグラフを読むには、時間と努力を要することがある。上手にデザインされたグラフであれば、その時間と努力は報われるだろう。多くのグラフはシンプルではありえない。なぜなら、伝える物事がシンプルではないからだ。ただ、私たち読者がデザイナーに要求できるのは、グラフを必要以上に複雑にしないことだ。

　数ページ前に取り上げた、グラフと文章の類似性に戻ろう。何であれニュース記事やエッセーを読むとき、題名だけを見たり、不注意に、あるいは大急ぎで拾い読みをするだけで理解できると思うと、当てが外れる。エッセーから意味を抜き出すには、最初から最後まで読まなければならない。グラフも同じだ。最大限に利用したいなら、深く掘り下げる必要がある。

嘘をつくグラフを見ていこう！

　記号および文法のレベルでグラフの読み方を知った今、私たちは欠陥のあるグラフから身を守りやすくなった。次は、どうすればグラフを正確に解釈できるかという、意味論の段階に進むことができる。グラフは次のような理由で、嘘をつく可能性がある。

- デザインが悪い。
- 間違ったデータを使っている。
- 不適切な量のデータを表示している。少なすぎる場合もあれば、多すぎる場合もある。
- 不確実性を隠したり、紛らわしたりしている。
- 誤解を招くパターンを示している。
- こちらの期待や偏見につけ込む。

　グラフがさまざまな符号化の手段を通じ、データをできるだけ忠実に表示するものだとすれば、その大原則を破ったとたんに、視覚的な嘘が生まれても不思議ではないだろう。いよいよその問題に入っていこう。

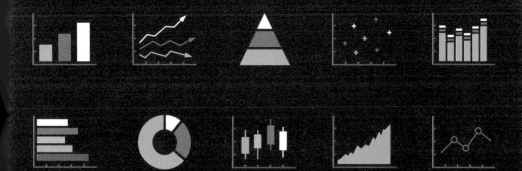

第 2 章

ひどいデザインでだますグラフ

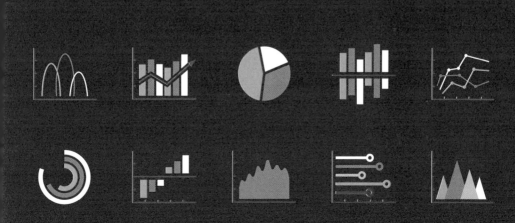

本当にひどいグラフで論争を挑む

グラフをデザインしていると、数々の失敗がある。記号の大きさがデータに比例していなかったり、目盛りがおかしかったり。伝えようとする数字の性質をよく理解せずに目盛りを選んでしまうことさえある。

ここまでグラフ製作の大原則について学んだので、その原則が破られると何が起こるかを見ていく準備は整った。

政治に党派心はつきものだが、それが粗悪なグラフを作る言い訳にはならない。2015年9月29日、米議会は「プランド・ペアレントフッド」のセシル・リチャーズ元代表の公聴会を開いた。プランド・ペアレントフッドは米国のNPOで、生殖に関する医療サービスや性教育を提供している。サービスには中絶も含まれるので、しばしば共和党保守派から攻撃されてきた。

リチャーズ氏との激論が繰り広げられるなか、ユタ州選出の共和党議員、ジェイソン・チェイフェッツ氏はこのようなグラフを示した。まだ数字は読まな

図表2-1　中絶件数は急増したのか？

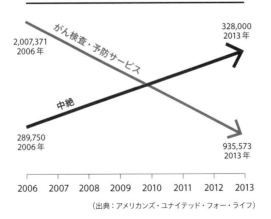

（出典：アメリカンズ・ユナイテッド・フォー・ライフ）

くていい。オリジナル版と同じく細かい文字だ。

　チェイフェッツ議員はリチャーズ氏に、グラフを見て何か言えと迫った。グラフが映し出されたスクリーンの近くに座っていなかったリチャーズ氏は、目を細め、戸惑った表情だ。そこでチェイフェッツ氏は言った。「ここ（グレー）は胸部検査件数の減少を示しています。赤は中絶件数の増加です。これがあなたの組織で起こっていることなんですよ」

　リチャーズ氏は答えた。グラフの出典は知らないが、いずれにせよ「これはプランド・ペアレントフッドで起こっていることを反映していません」

　チェイフェッツ氏は激怒。「この数字をあなた方の報告書から取ったのを否定なさると？　（中略）あなた方の年次報告書から、直接引用したんですよ！」

　この発言は部分的にしか当たっておらず、リチャーズ氏はそこを指摘した。「これ（グラフ）の出典は確かにアメリカンズ・ユナイテッド・フォー・ライフ（AUL）、つまり中絶反対の団体ですので、あなたの出典を点検させていただきます」。チェイフェッツ氏はちょっと口ごもった。「われわ…、われわれは必ず事の真相に迫ります」

正しい推移を示すグラフは？

　しかし「事の真相」とは何かというと、グラフの数字は確かにプランド・ペアレントフッドの報告書から引用されていたが、そもそも AUL による数字の見せ方が、ねじ曲がっていたということだ。グラフは、がん検査・予防サービスの件数が、中絶件数の増加と同じペースで減っていることを強調している。これは虚偽だ。このグラフは2つの変数に異なる縦軸の目盛りを用いることで、嘘をついている。そのせいで、プランド・ペアレントフッドが直近の2013年に、がん予防サービスよりも中絶を多く行ったように見える。

　それでは、頑張って極小の文字を読んでみよう。がん検査・予防サービスは約200万件から約100万件に急減しているが、中絶は約29万件から32万8000件に増えただけだ。普通の目盛りを用いてこれらの数字をプロットするとこう

なる。

図表2-2　縦軸の目盛りを正しくするとこうなる

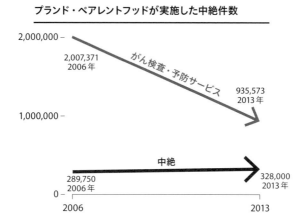

プランド・ペアレントフッドが実施した中絶件数

2,000,000

2,007,371
2006年

がん検査・予防サービス

935,573
2013年

1,000,000

中絶

289,750
2006年

328,000
2013年

0

2006　　　　　　　　　　　2013

　秀逸なファクトチェックのウェブサイトであるポリティファクトは、元のグラフができた経緯を調べるとともに、プランド・ペアレントフッドが提供しているサービスが変遷する背景を知るため、複数の筋に取材した。

　各々のサービスの提供件数が変動しがちな原因は、法律や医療行為の変化から、プランド・ペアレントフッドが運営するクリニックの開業・閉鎖に至るまで、無数にある。

デザインで歪めただけではなかった！

　しかも、中絶件数は、単に微細な増加にとどまっているだけではない。2011年以降はわずかに減少しているのだ。元のグラフの数字が正しいとすれば、どうしてそんなことになるのだろうか？　種明かしをすると、元のグラフには

2006年から2013年まで、すべての年がラベルで表示されているにもかかわらず、線は2006年と2013年の数字だけを比較し、その他の年の動きを無視している。1年ごとの中絶件数をグラフ化してみると、2009年と2011年に小さなピークがあるのが見えてくる。

図表2-3　2009年と2011年に注目

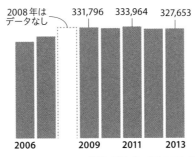

プランド・ペアレントフッドが実施した中絶件数

（出典：プランド・ペアレントフッド）

　つまり、アメリカンズ・ユナイテッド・フォー・ライフ（AUL）は単にデータの表示を歪めていた（これがこの章のテーマだ）だけでなく、重要な情報を隠していた。この問題については第4章で取り上げる。

　データサイエンティストのエミリー・シューフ氏は、プランド・ペアレントフッドの年次報告書を2006年版から2013年版まで集め（2008年版を除く）、この組織ががん予防と中絶以外にも多くのサービスを行っていることを示した。妊娠・育児関連サービスや、性感染症の検査その他だ。中絶は全体のわずかなパーセントにすぎなかった。シューフ氏のグラフが**図表2-4**だ。

　シューフ氏は、STI／STDサービス（性感染症の検査・治療）が2006年から2013年にかけて50％増えたことを明らかにした。また、同期間にがん検診がこれほど減少した理由も調べ、次のような仮説に至った。

図表2-4　データサイエンティスト、シューフ氏のグラフ

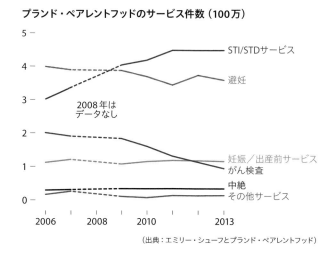

プランド・ペアレントフッドのサービス件数（100万）

（出典：エミリー・シューフとプランド・ペアレントフッド）

　子宮頸がん検診の頻度に関する国の指針は、2012年に公式に変更されたが、米国産婦人科学会は2009年の時点で、頻度を減らすよう勧告し始めていた。以前、女性は子宮頸がんを調べる細胞診を年1回受けていたが、現在、細胞診は3年に1度実施するよう推奨されている。

　この本の目的から言って、あなたがプランド・ペアレントフッドへの公的助成に賛成か反対かは問題にならない。シューフ氏のグラフは客観的に見て、AULのグラフより優れている。なぜなら、関連データをすべて含んでいるうえ、主張を通すためにデータの表示を歪めていないからだ。これが、文明的で誠実な議論に資するためにグラフを作るデザイナーと、ずさんなプロパガンダ用グラフをデザインする人との違いだ。

3次元グラフはウソをつく

視覚効果を使った歪曲はグラフをきちんと読んで製作できる人々にとっては

笑いの宝庫だが、腹立たしくもある。たとえば私が、わが社が主な競合他社に比べていかに成功しているかを人々に知ってもらいたくて、次のグラフを見せたとしよう。

図表2-5 ライバルと比べ、際立った売上高？

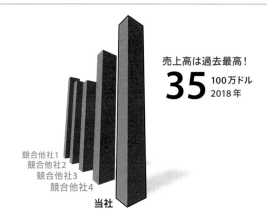

売上高は過去最高！
35 100万ドル 2018年

競合他社1
競合他社2
競合他社3
競合他社4
当社

図表2-6 市場シェアは際立っていて、市場を支配している？

この市場の全社のシェア

競合他社4 　競合他社1
競合他社3 　競合他社2

過去最高の売上高
35 100万ドル 2018年

図表2-7 2011年から、すごい成長を見せている？

当社の売上高はうなぎ登り！

過去最高の売上高
35 100万ドル
2018年

　3次元の遠近感はグラフ界の元凶だ。私が架空の事例を出して誇張していると思うかもしれないが、違う。さまざまな組織のプレスリリースやプレゼン用のスライド、ウェブサイト、報告書をざっと検索しただけで、こんなグラフが見つかるはずだ。もっとひどいのが出てきたかもしれない。これらは派手で劇的だが、とうてい情報は伝わらない。

　私の会社が市場を支配し、売上高が急増しているという言い分に理があるかどうか、グラフを見てわかるか試してみよう。難しくないだろうか？　私は都合のよいアングルを選んで成功を誇張している（ところで、これらのグラフが双方向的だったり、VR（仮想現実）機器を使って見られるのなら、話は違ってくるだろう。その場合、読者は3次元グラフの周りを移動することにより、2次元化して見ることができるからだ）。

　3次元効果を使っても問題はないという考えの人も、中にはいる。棒や線の上、円グラフのセグメントなどに、元データの数字をすべて記入しようと思えば可能だからだ。いやいや、だったらなぜ、そもそもグラフにするのか？　良いグラフであれば、すべての数字を読まなくても、トレンドやパターンを視覚的に捉えやすくなっているはずだ。

　誇張した遠近感を取り除くと、棒の高さ、セグメントの面積、線の高さは、それぞれデータに比例する。競合他社1のほうがわが社よりわずかにシェアが大きいことや、わが社の2018年の売上高がピーク時の2013年を下回っている

ことが、割とはっきりわかるだろう。

図表2-8　実際のデータはこのような状況だったりする

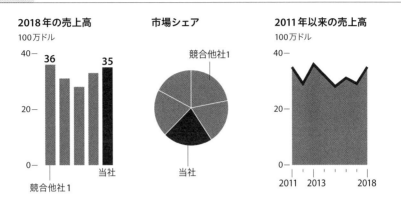

目盛りと符号化はデータの性質に準じる

　グラフ自体の歪曲は通常、目盛りと表示サイズをごまかすことで生じる。2015年12月、オバマ政権下のホワイトハウスは、次のグラフを添えて「朗報。米国の高校卒業率が過去最高に」とツイートした。

図表2-9　典型的なごまかしを使ったオバマ政権下のホワイトハウス作成のグラフ

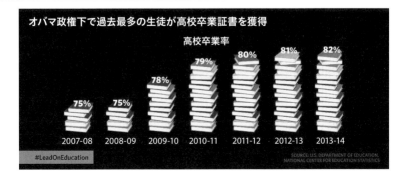

　グラフのデザイン、つまり目盛りと符号化は、データの性質に応じて選ぶべきだ。この場合、データの性質は年ごとのパーセンテージなので、符号化の方法は高さになる。それゆえ、基準線を0%に、上端を100%に置いて、棒の高さを数字に比例させるのが理想的だ。

図表2-10　　本来はこういうグラフになるはず

オバマ政権下で過去最多の生徒が高校卒業証書を獲得

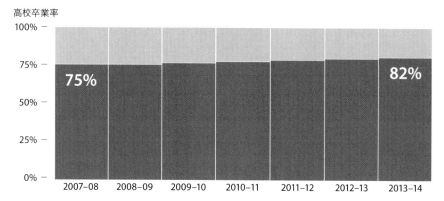

　このグラフは棒の高さをデータに比例させるとともに、最初の年と最後の年の率を大きな文字で表示することによって、元のグラフの重要な特性を残している。つまり、卒業率が7%上昇したことは素晴らしいニュースだと強調している。

　ホワイトハウスのグラフは、縦軸（y）と横軸（x）を両方とも切り詰めている点が問題だ。ニュースサイトのQuartz（https://qz.com）が米教育省のデータをもとに指摘したとおり、x軸を2007～2008学期から始めることにより、高校卒業率がオバマ政権下だけでなく、1990年代半ばから上昇し始めているという事実をグラフ製作者は隠している。

図表2-11 さらに隠されていた事実もあった

各政権下の高校卒業率

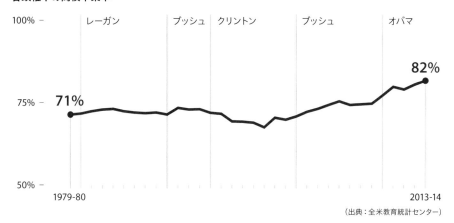

（出典：全米教育統計センター）

基準線をゼロにすべきか、しなくてよいか？

　このグラフの基準線をどうしてゼロに設定しなかったのか、不思議に思うかもしれない。基準線の選び方については後ほどたっぷり書くが、私は常々、符号化の方法が高さか長さのときにだけ、基準線をゼロに置くよう勧めている。それ以外の符号化手法のときには、必ずしもゼロを基準にしなくてよい。

　折れ線グラフの符号化手法は位置と角度であり、基準線を最初のデータの点に近づけても、位置と角度は歪曲されない。次の2つのグラフの折れ線はまったく同じ形をしており、どちらも嘘を伝えてはいない。唯一の違いは、下の基準線を強調しているか否かだ。**図表2-10**のグラフでは、基準線がゼロにあるのでこれを強調した。**図表2-11**のグラフでは、基準線を他のグリッド線と同じ見た目にした。これはゼロではないことを明確にしたかったからだ。

図表2-12　基準線をどう位置付けるかがポイント

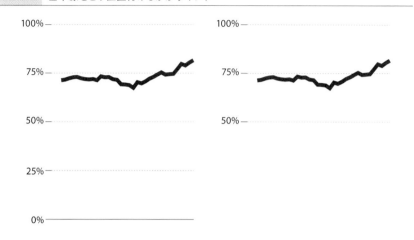

グラフの数字を読む前に見ておくべきもの

　グラフの中身を解読する前に、グラフの骨格、つまり目盛りと凡例に着目すると、歪曲を見つけやすくなる。次のグラフは2014年にスペインの都市、ア

図表2-13　左右の目盛りが異なるひどいグラフ

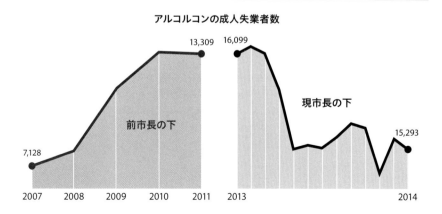

アルコルコンの成人失業者数

ルコルコンが、現職のダビド・ペレス・ガルシア市長の下で労働市場が目覚ましく改善したのを祝って公表したものだ。左右が鏡映しのようになっている。エンリケ・カスカラーナ・ガラステギ前市長の下で失業者数は急増し、ペレス・ガルシア現市長の下でまったく同じペースで低下した、ように見える。小さなラベルを読むまでは。

このグラフの難所は、縦軸、横軸ともに目盛りがおかしいことだ。左側は年次データを表示しているのに、右側は月次データを示している。縦と横ともに目盛りをそろえて、左右の折れ線を表示してみよう。失業率の低下はそれでもまだ明るいニュースに感じられるが、どう見ても前のグラフほど目覚ましい変化ではない。

図表2-14　実際はこのようなグラフ

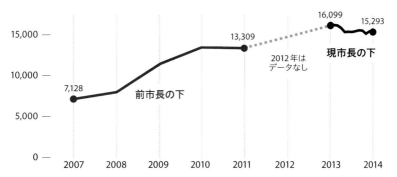

アルコルコンの成人失業者数

グラフの視覚的効果はわかっていても私たちを偏らせる

うっかり、あるいは故意にグラフの表示サイズをねじ曲げたり、一貫性のない目盛りを使ったりしても無害だと思うかもしれない。なにせ私は、何人かのグラフデザイナーがこう言うのを聞いたことがある。

「みんなラベルと目盛りを読むべきなんだよ。そうすれば頭の中でグラフの歪みを修整できる」

　もちろん、ラベルに留意する必要があることには同意する。しかし、なぜ表示サイズと目盛りをめちゃくちゃにして、読者にみじめな思いをさせるのだろうか？

　しかも、いびつなグラフの骨格にちゃんと留意して、頑張って正しいバランスを頭の中で視覚化したとしても、グラフは私たちの認知を無意識に偏らせる可能性がある。

　ニューヨーク大学の研究者グループは、想像上の街、ウィロウタウンとシルバタウンにおける飲料水へのアクセス、という架空の変数について数種類のグラフを作り、それぞれについて2つのバージョンを用意した。

　各々のグラフの第1バージョンはデータを正確に描写し、目盛りもサイズ表示も歪めていない。第2バージョンは目盛りとサイズ表示を歪めている。すなわち、棒グラフでは縦軸を切り詰め、バブルチャートでは数字がバブルの面積に比例しておらず、折れ線グラフでは変化を最小限に見せるようなアスペクト比（縦横比）を採用している。正しいグラフとだますグラフを三対並べた。

　研究者らは複数のグループに対し、グラフ上のオブジェクトを比較するよう求めた。「右側の数値は左側の数値に比べ、わずかに大きいですか、それともはるかに大きいですか」。その結果、目盛りのラベルや数字そのものを読むことができてもなお、人々は誤解することがわかった。教育水準が高く、この種のグラフを見るのに慣れている人々はわずかにましな結果が出たが、だまされたことに変わりはなかった。

変化をどんな意図で視覚化すればよいのか

　学者がこのような実験を始める前から、グラフで人をだます技術を直感的に理解していた悪党もいた。2015年12月、ナショナル・レビュー誌は「見るべき気候変動グラフはこれひとつ」との見出しを掲げ、ブログ「パワー・ライ

図表2-15 ニューヨーク大学の研究者が作成した三対のグラフ

正しいバージョン

だますバージョン

安全な飲料水にアクセスできる人々の割合

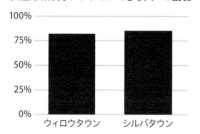

安全な飲料水にアクセスできる人々の割合

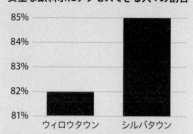

安全な飲料水にアクセスできる人々の割合

安全な飲料水にアクセスできる人々の割合

少数民族による
安全な飲料水へのアクセス

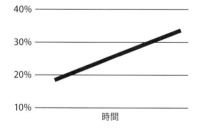

少数民族による
安全な飲料水へのアクセス

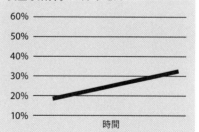

ン」を引用した。同誌には気の毒だが、パワー・ラインはこのグラフで同誌を
おちょくったように私には思える。

図表2-16　おちょくっている？　意味を失った気候変動グラフ

世界の年間平均気温（華氏）

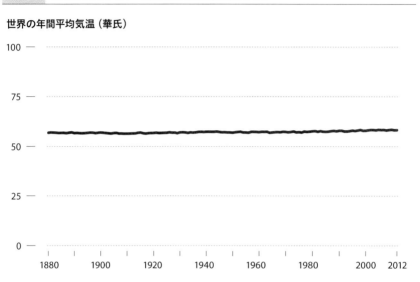

　データアナリストのショーン・マケルウィー氏をはじめ、多くの人々がソー
シャルメディアでこのグラフを笑いものにした。マケルウィー氏はツイッター
で「じゃあ国の借金も心配いらないね！」と書き、次のグラフ（**図表2-17**）を
添付した。

　私は米国の債務が2017年10月に、国内総生産（GDP）の103％に達したと知
って心配していたところだが、このグラフを見ると杞憂だったようだ。まだ
3000％にはほど遠い！
　ニューヨーク市立大学・持続可能都市研究所のリサーチフェロー、リチャー
ド・リース氏は、元のグラフに皮肉っぽい注釈を加えた。目盛りの選択がなぜ
大間違いなのか、その多くの理由の一つが**図表2-18**を見るとわかる。

図表2-17　アメリカの借金も問題ない？

米連邦債務：公的債務総額の対GDP比率

```
3,000% ─


1,750% ─



1,500% ─



1,250% ─




  0% ─
       1966年1月                                    2017年10月
```

図表2-18　注釈がつくと意味が違って見える

世界の年間平均気温（華氏）

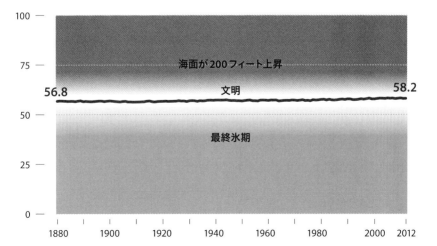

　リース氏のジョークは機知に富んでいる。線の両端の差は華氏1.4度、摂氏約0.8度。絶対値は小さく見えるかもしれないが、これは重大な変化だ。15世紀から19世紀にかけて北半球が経験した小氷期には、世界の平均気温は20世紀末より華氏で約1度低かっただけだが、その影響は甚大で、寒冷な気候が飢饉や伝染病をもたらした。

　向こう50年間に世界の気温が華氏で2度から3度上昇すると、同様に厳しい影響が出る可能性があるし、もっとひどいかもしれない。この程度の気温上昇は、起こってもまったく不思議ではないと推定されている。世界の平均気温が華氏100度に達したなら、地球は地獄と化すだろう。パワー・ラインのグラフでは、この荒唐無稽な温度が上限に設定されている。

　そのうえ、パワー・ラインのグラフデザイナーは、基準線をゼロに置いている。これはいくつかの理由でめちゃくちゃだ。何よりも、華氏と摂氏の目盛りは下限がゼロではない（ケルビン温度の目盛りだけが0度を下限としている）。

　私たちを誤解させるのが狙いではなく、情報を伝えようとするグラフデザイ

図表2-19 妥当な目盛りを設定した気温変化グラフ

世界の年間平均気温（華氏）

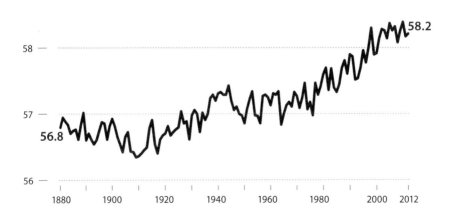

ナーであれば、これらすべてを考慮して妥当な目盛りと基準線を選ぶはずだ。

すべてのグラフの基準点はゼロとすべきか？

「すべてのグラフはゼロを基準とすべきだ！」という言葉を聞いたことがある
かもしれない。この考え方は、ダレル・ハフ氏の1954年の著作『統計でウソ
をつく法——数式を使わない統計学入門』（講談社）などの書籍によって広ま
った。今回の事例によって、その誤解が解けるのを願う。ハフ氏の著作は、古
い本ながら良いアドバイスを豊富に含んでいるが、この点は例外だ。

　グラフデザインは文章を書くのに似て、科学であるのと同じくらい職人技で
もある。確固としたルールは多くなく、あるのは、かなり融通の利く原則と指
針、そして数多くの例外と留意事項だ。私たちはグラフの読み手として、すべ
てのグラフにゼロを基準とするよう求めるべきだろうか？　いや、それは情報
の性質、グラフに使えるスペース、そして符号化の手法に何を選ぶかにかかっ
ている。

　こうした留意事項はときどき、互いに矛盾を起こす。これは世界の平均寿命
のグラフだ。大きく変化していないように見えると思う。

図表2-20　わかりにくい世界の平均寿命グラフ

世界の平均寿命（年）

（出典：世界銀行のデータ）

　このグラフを作るにあたって、私は2つの課題に直面した。使えるのは横幅
が広く、縦に短いスペース。そしてデータの符号化には高さ（棒グラフ）を選
んだ。

この2つを両立させた結果、変化が平坦に見えるグラフになった。だが世界の平均寿命は、1960年に53歳だったのが2016年には72歳と、35％も伸びている。かなり著しい変化だ。しかし、このグラフではそこがよく伝わらない。棒グラフは、棒の高さがデータに比例するよう基準をゼロに置かねばならないが、このグラフのアスペクト比の関係で、すべて低い棒になっているからだ。

グラフデザインに完璧な解決策は存在しないが、データ自体についてよく考えれば、理にかなった妥協策にたどり着くはずだ。世界のすべての国の平均寿命データを考えたとき、ゼロという基準線は存在しうるのか。もちろん存在しうるが、理にかなってはいない。平均寿命0歳の国があるとすれば、その国で生まれたすべての赤ちゃんは、子宮から出たとたんに死んでしまうということだ。

したがって、棒グラフにふさわしく基準線をゼロに置くと、この事例では妙な図になってしまう。先に触れた矛盾とはこのことだ。符号化の手法（高さ）に従えばこうするしかないが、データそのものを考えれば、別の方法をとるべきだろう。

私が選んだ妥協策は、符号化の手法として高さを使う代わりに、折れ線グラフのように位置と角度を使うことだった。そして基準線は、最初の数値に近いところに設定する。こんな感じだ。

図表2-21 許容されるスペースで表現を変える

世界の平均寿命（年）

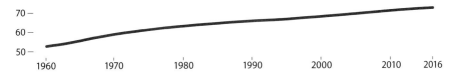

アスペクト比は理想的ではないが、あるものでやりくりするしかない。私のグラフに使えるのは縦幅が非常に短く、横幅が広いスペースだけだ。ジャーナリストとグラフデザイナーは常に、トレードオフでなんとかやっている。読者

として彼ら、彼女らに要求できるのは、誠実な選択をしてもらうことだけだ。

しかし、デザイナーにスペースの制約がないとすれば、次のようなグラフは作らないよう要求してよい。

図表2-22　アスペクト比がふさわしくないグラフの例

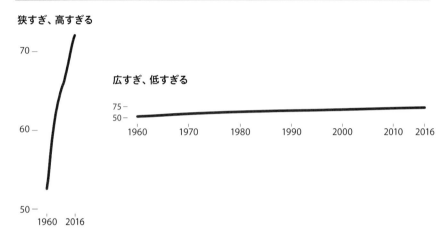

こんなグラフではなく、変化の度合いを誇張せず、最小限にもしないアスペクト比のグラフをデザインすべきだ。どうすればそうなるだろう？　示そうとしているのは35％の増加だ。100に対する35なので、約1／3（アスペクト比では横幅を先にもってくるので、このケースでは3：1）。グラフをこれに近づけ、横幅を縦幅の3倍にしてみた（**図表2-23**）。

ここで重要な留意点がある。これがグラフデザインの金科玉条ではないということだ。数字を観念的に捉えるのではなく、どういう意味を持っているのか考えよう、と書いたのを思い出してほしい。世界の気温のように、時には2％の上昇が重大な意味を持つこともある。しかし、そのグラフのアスペクト比を100：2、あるいは50：1、つまり横幅を縦幅の50倍にしたら、まるで小さい変化であるかのように目を欺くことになるだろう。

図表2-23　変化の意味を誇張せずに伝えよう

世界の平均寿命（年）

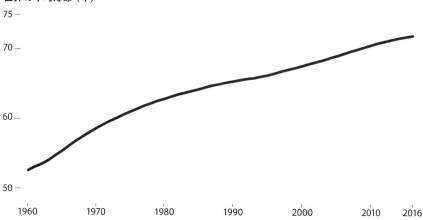

　この本の核となるテーマの一つは、グラフデザインは文章を書くことに近いということだ。グラフの解読は文章を読むのに似ている。もっとも、通常の読書とは異なり、グラフは直線的に読み進められるとは限らない。このたとえをさらに進めるなら、前のページで見た「横幅が狭すぎて縦に長すぎる」グラフは誇張表現で、「横幅が広すぎて縦に短すぎる」グラフは矮小化表現だと言うことができる。

　執筆と同じくグラフでも、ある表現が誇張か、矮小化か、あるいは両者の間の妥当な中間点かについて、議論が分かれることがある。同様に、グラフデザインは絶対的なルールに基づくものではないが、存在するルールは恣意的なものではない。第1章で学んだ初歩的な文法を当てはめたうえで、扱うデータの性質について考えをめぐらせば、完璧ではないが妥当な解決策にたどり着くことができる。

どちらのグラフが歪曲されている？

歪曲されているように見えて、実はそうではないグラフもある。 たとえば、次のグラフを見てほしい。ただし、まだ目盛りのラベルは読まず、国に対応している円だけに注目しよう。このグラフは国ごとの寿命（縦軸上の位置）と1人当たりの国内総生産（GDP）（横軸上の位置）を示している。

図表2-24　一見、普通の散布図のグラフのようだが……

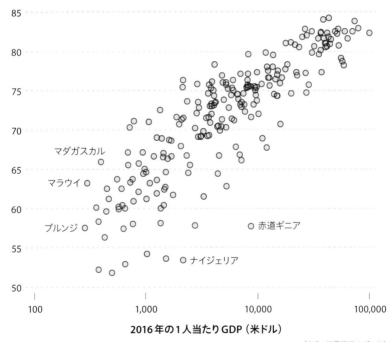

2016年の平均寿命

（出典：世界銀行のデータ）

さて、軸のラベルを読もう。横軸の目盛りが変なのに気づいただろうか？ 1,000、2,000、3,000というふうに等間隔になっておらず、100、1,000、10,000、

100,000と10の累乗になっている。この種の目盛りは対数目盛りと呼ばれる。もっと厳密に言うと、基数が10の対数目盛りだ（ほかの基数もありうる）。「嘘のグラフだ！」。こぶしを突き上げて叫んだあなた、早まるな。説明するから。まずはグラフの元データと、グラフが何を示そうとしているのかに思いをめぐらせてみよう。（ヒント：私がこの目盛りを選んだ理由は、ラベルを記入した国々に関係している）

横軸の目盛りを等間隔にしてデータを見てみよう。これは均等目盛りと呼ばれ、あらゆるグラフにおいて最も一般的な目盛りだ。

図表2-25 一般的な目盛りにするとこうなる

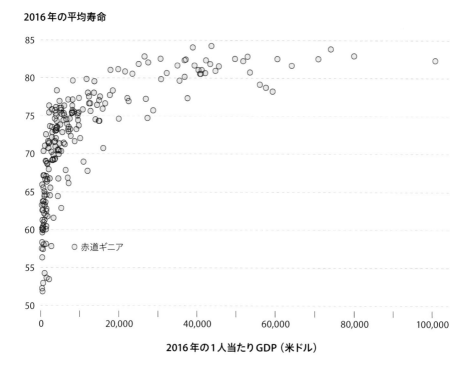

2016年の平均寿命

2016年の1人当たりGDP（米ドル）

最初のバージョンのグラフでは、いくつかのアフリカ諸国にラベルを付けた。

これらの国々を2番目のグラフで探してみよう。赤道ギニアは見分けられるかもしれない。この国は平均寿命が同程度の他の国々に比べ、1人当たりGDPが際立って大きい特別なケースだからだ。しかし、私が精査したくて最初のグラフでラベルを付けた国々——ナイジェリア、マラウイ、マダガスカル、ブルンジ——は1人当たりGDPがあまりにも小さいので、平均寿命が比較的短い他の貧国の中に紛れてしまっている。

　グラフを注意深く読まずに頭から信じてはいけないのと同様に、デザインの意図を考えずに嘘つきグラフだと決めつけるのもよくない。この本の冒頭にあったグラフを思い出してみよう。郡ごとの米大統領選結果を示す地図グラフだ。図形は正しく設計されており、地域別の投票パターンを示すのが目的であれば、嘘はついていない。しかしこのグラフは、各候補に投票した人の数を示す目的で使われており、その意味ではとうてい役目を果たせていない。

　ここで示した散布図は2つとも、その目的を評価せずして、嘘だと決めつけることはできない。目的は1人当たりGDPと寿命の関係を見せること？　それなら2番目のグラフのほうが良いかもしれない。これならL字を倒したようなパターンの中に、その関係が見て取れる。多くの国々は1人当たりGDPが

図表2-26　2番目のグラフは富裕国とそれ以外のグループが見えやすい

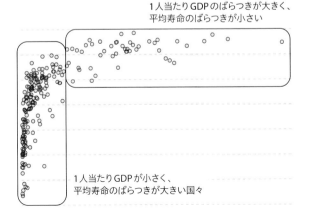

小さく、寿命に大きなばらつきがあり（横向きLの垂直線上に位置するドット）、一方の富裕国グループは1人当たりGDPが大きくばらつき、寿命のばらつきは小さい（横向きLの水平線）。

しかし、私が最初のグラフを作った目的はそれではなかった。強調したかったのは、赤道ギニアとナイジェリアのように、1人当たりGDPが比較的大きいのに寿命の短いアフリカ諸国が何カ国かある一方、これらと比較すると非常に貧しいが寿命は長い国もあるということだった。マラウイ、ブルンジ、とりわけマダガスカルがそれだ。均等目盛りでこのグラフを作ったら、これらの国々はほとんど見つけられなくなる。

対数目盛を採用したほうが便利なとき

対数目盛りは難しそうに聞こえるが、あなたが慣れ親しんでいる例もありそうだ。地震の規模を示すリヒター目盛りは、基数が10の対数目盛りだ。これは、マグニチュード2の地震がマグニチュード1の地震の2倍ではなく、10倍の規模であることを意味する。

対数目盛りは飛躍的な伸びを示すのにも使われる。私が裏庭でアレチネズミを4匹飼っているとしよう。雄と雌が2匹ずつで、各々がつがいになるとする。

図表2-27　アレチネズミの世代と数の変化はこうなる

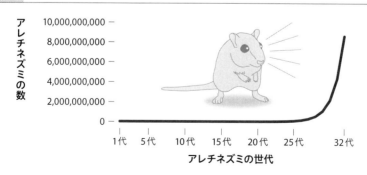

各々のカップルから4匹ずつ子どもが生まれ、別のカップルから生まれた子どもとつがいになる。かわいいネズミのカップルたちが、また4匹ずつ子どもを産む、というように系統的に子どもが増えていく。

このアレチネズミの増加は、**図表2-27**のようにプロットすることが可能だ。

もし私がこのグラフをもとに、アレチネズミの餌をどれだけ買うべきかを判断するとすれば、25代目までは購入量を変える必要がないと思うだろう。それまでの線は横ばいだ。

このグラフでは、アレチネズミの数が世代ごとに倍増し、私も餌を倍増する必要があることが見えてこない。目盛りの数が次々に倍増していくよう、基数が2の対数目盛りを使うほうが適切かもしれない（**図表2-28**）。私の関心事項は変化のペースであって、変化の絶対数ではないからだ。32代目になると、わが家の裏庭に世界人口を上回る数のアレチネズミが住んでいることになるので、避妊についても何か手を打ったほうがよさそうだ。

図表2-28　対数目盛りにすると倍増の様子がわかりやすくなる

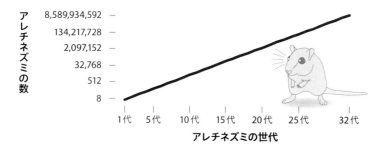

切り詰めたり、ねじ曲げたりするのは最悪だ

目盛りが均等か対数かによってだますグラフより多いのは、データの符号化に使うオブジェクトが変に切り詰められたり、ねじ曲げられたりしている事例だ。私は軸や記号をこのようにカットしたグラフを、嫌というほど見てきた。

図表2-29　粗雑なデザインの典型的な例

米州の人口上位国（100万人）

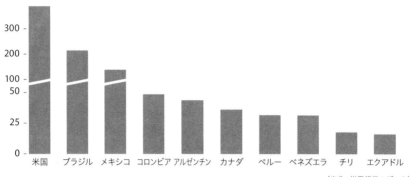

（出典：世界銀行のデータ）

　このグラフは縦軸の目盛りが不均等なうえに、最初の3本の棒を切り詰めることによって嘘をついている。実際のバランスはこのようになる。

図表2-30　正しいが、わかりにくい部分もある例

米州の人口上位国（100万人）

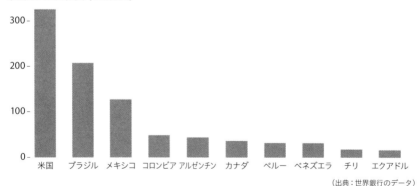

（出典：世界銀行のデータ）

　ただ、この正しいバージョンにも欠点はある。たとえば、今度は規模の小さ

い国同士の違いが非常に見分けづらくなった、と不満を感じるかもしれない。読者である私たちはデザイナーに対し、1つだけでなく、2つのグラフを示すよう要求してもよい。同じ目盛りですべての国々を示すグラフと、人口が少ない国だけにズームインしたグラフだ。それなら全部の目的が達成できるうえに、目盛りの一貫性も保てるだろう。

あらゆる地図は現実を不完全に表示している

あらゆる地図は嘘をつく。地図製作者のマーク・モンモニア氏は、正典となった著作『地図は嘘つきである』（晶文社）の中でこう唱えた。このモットーはあらゆるグラフに当てはまるかもしれない。ただし、「すべての嘘が平等に創られた」わけではもちろんない。あらゆる地図が嘘をつくのは、原則的に、地球という球面を平面に投影するからだ。あらゆる地図は面積や形など、地理上の特徴をある程度歪めている。

図表2-31　メルカトル図法では、グリーンランドが南米大陸より多くなる

　図表2-31のような投影法は、16世紀にこれを生み出した人物の名にちなみ、メルカトル図法と呼ばれる。この方法では、赤道から遠く離れた地域が実際よりはるかに大きくなる。たとえば、グリーンランドが南米より大きいのはおかしいし、アラスカは確かに広大だが、ここまで広大ではない。しかし陸塊の形は実際の姿を保っている。

　別の投影法、ランベルト正角円錐図法では、陸塊の面積を現実の面積に比例させるため、形の正確性を犠牲にしている。

図表2-32　面積の正確性のために形を犠牲にするランベルト正角円錐図法

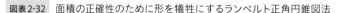
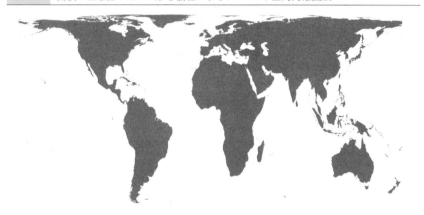

　ロビンソン図法と呼ばれる次の投影法は、形も面積も現実のとおりではない。そのかわり、両方を少しずつ犠牲にすることで、ランベルト正角円錐図法よりも目に優しいバランスにたどり着いている。

　誠実にデザインされたグラフと同じく、地図の投影法も、一概に良い、悪いが決まるものではない。地図の目的によって、より良いか、より悪いかが決まるのだ。子ども部屋に世界地図を張ってあげようと思うなら、ロビンソン図法のほうがメルカトル図法やランベルト正角円錐図法より教育に良い。しかし、

図表2-33　形、面積のどちらも不正確だが、わかりやすいロビンソン図法

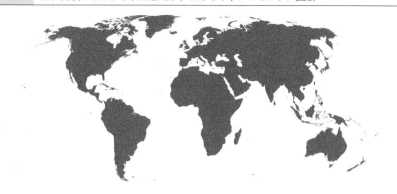

航海のための道具にするのなら、メルカトル図法のほうがふさわしい。この図法はそもそも航海用に作成されたものだ。

　あらゆる地図投影法は嘘をついているが、私たちはそれが罪のない嘘だと知っている。あらゆる地図は現実そのものではなく、現実を限定的かつ不完全に表示したものである以上、仕方がない。あらゆる地図にはそうした制約がある。

地図は、デザインによって主張する内容を変えられさえする

　意図的であるなしにかかわらず、地図はデザインの選択が悪いせいで嘘をつくこともある。たとえばカラースケール（訳注：色を使った目盛り）の選び方がいい加減だと、米国の貧困はごく限られた地域に集中していると証明することもできれば（**図表2-34**）、米国全土が厳しい貧困問題に直面していると証明することもできる（**図表2-35**）。

　2つの地図が知覚を偏らせるのは、私が色のグループ（ビン）を周到に選んで、矮小化（最初の地図）や誇張（2番目の地図）の効果を生み出しているからだ。2番目の地図の問題は、カラースケールにある。最も濃い色が、貧困率16％から53％までの郡すべてに適用されている。米国の郡の半分は、貧困率がこの範囲に入っている。残り半分の郡の貧困率は1％ないし16％だ。この地図

図表2-34　貧困率が高いのはごく一部の地域？

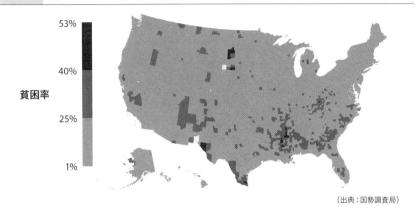

（出典：国勢調査局）

図表2-35　全米のほとんどが貧困地域？

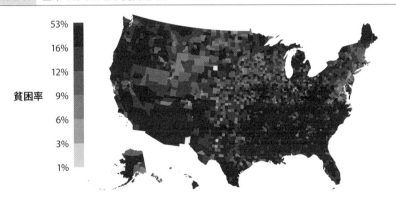

が驚くほど真っ赤なのは、そういうわけだ。

　もっと思慮深く目盛りを作れば、各配色のビンに各郡が均等に分かれるだろう。米国には約3000の郡がある。次の地図では、6つのカラービンに約500郡ずつ含まれている（3000郡を6つのカラービンで割ると500郡ずつになる）。

図表2-36 6つの色を使ってバランスよく貧困の分布を示したグラフ

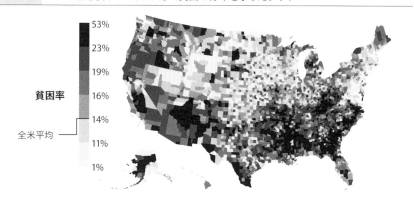

　ちょっと待った！　地図のタイトルが「貧困率25％超の郡」だとしたらど
うだろう。その場合、最初の地図がふさわしそうだ。貧困率が25％と40％を
超える郡だけを目立たせているからだ。これまで見てきたように、グラフデザ
インは表示するデータの性質と、そこから私たちがどんな知見を引き出したい
かによって変わる。

　グラフの質はデータを正確に、バランスよく符号化しているかどうかで決ま
る。しかしその前に、データ自体の信憑性に目配りしなければならない。グラ
フで最初に見るべき部分の一つが出典だ。そのデータはどこから来たのか？
その出典は信用できそうか？　示されている情報の質を、どうすれば見極めら
れるのだろう？　次の章ではこうしたテーマに移っていく。

第 3 章

怪しいデータでだますグラフ

グラフに混じるゴミ

　私の好きな標語に「ゴミを入れれば、出てくるのはゴミ」というのがある。コンピュータ・サイエンティストや論理学者、統計学者が好んで使う格言だ。要するに、どんなに隙がなく、説得力がありそうに聞こえる議論でも、その前提が間違っていれば議論も間違っている。

　グラフも同じだ。いくら見栄えが良くて好奇心をそそり、意外性のあるグラフでも、間違ったデータを符号化したものであれば、そのグラフは嘘をついている。

　まずはゴミが入り込まないよう、ゴミを見分ける方法を知ろう。

　グラフ好きにとって、ソーシャルメディアはワクワク、ドキドキが止まらない場所だ。しばらく前、数学者にして地図製作者のジェイカブ・マリアン氏は、

図表3-1 ヘヴィメタル・バンドはどの国に多いか？

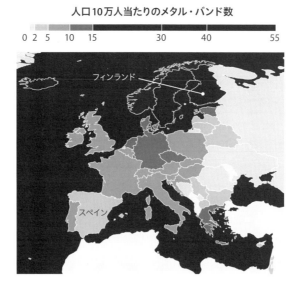

欧州各国におけるヘヴィメタル・バンドの密度を示す地図を公表した。それに私が手を加え、フィンランドと私の母国スペインに目印を付けたバージョンが**図表3-1**だ。

　あまたのハードロック・バンドと（過激でない）メタル・バンドのファンである私は、この地図に大喜びし、ツイッターとフェイスブックでコメントを拡散した。うすうす感じていたことが確認できたのだ。バンドの多くは北欧にあり、なかでもフィンランドは「世界のメタル首都」と呼ぶにふさわしい。

　だが待てよ、と私は思った。地図の出典は信用できるのか？　それに出典は「メタル」をどう定義しているのだろう？　少しぐらい疑っても許されるだろう。人が最もだまされやすいのは、凝り固まった信念につけ込むグラフである。それがこの本の重要な学習事項の一つなのだから。

　どんなグラフを読む場合でも、最初にチェックすべきは、製作者が出典を明記しているかどうかだ。明記していなければ赤信号。ここからメディア・リテラシーの一般原則が引き出せる。

出典を明記していない、もしくはリンクを張っていない記事は、す・べ・て疑え。

　幸い、ジェイカブ・マリアン氏は透明性の確保を心得ており、データの出典はエンサイクロペディア・メタラムというウェブサイトだと記していた。私はヘヴィメタル・バンドだけのデータかどうかを知るために、サイトを訪ねてみた。

　出典をチェックするときには、算・入・の・対・象も見極める必要がある。純粋に「メタル」バンドだけを算入しているか、それとも別のバンドも勘定に入れているか？　検証のため、まずは最も典型的なメタル・バンドを思い浮かべてみよう。メタルといえばこれ、という価値観、美意識、スタイルをすべて体現したバンドだ。エンサイクロペディア・メタラムが取り上げたすべてのバンドが、その理想的なバンドに遠いというよりは近い、つまり理想的なバンドと共通する特徴のほうが、異なる特徴より多いようであれば、引用元はおそらくメタ

ル・バンドだけをカウントしている。

　さあどうだ。典型的なバンドはどれだ。

すべての前提として、メタル・バンドとは何か？

　あなたはたぶん、メタリカ、ブラック・サバス、モーターヘッド、アイアン・メイデン、スレイヤーあたりを思い浮かべたのではないだろうか。これらのバンドは、確かにすごくメタルだ。ただ、欧州出身で80年代に全盛期を迎えたバンドというと、私はジューダス・プリーストだと思う。彼らだ。

図表3-2　ジューダス・プリーストこそ、メタルだ！

Photograph by Jo Hale © Getty Images

　ジューダス・プリーストは、メタルのメタルたるゆえんをすべて兼ね備えている。思うに、彼らこそはメタルの中のメタルである。これぞメタル、という特徴が一つ残らずあるからだ。まずは衣装、態度、ビジュアルからいこう。長

髪（フロントマンのロブ・ハルフォードは別。はげている）、タイトなレザー服、黒いパンツとジャケットに光るスタッズ、渋い表情、そして挑発的なポーズ。

　パフォーマンスと音楽的な特徴はどうだろう？　こちらも紛れもなくメタルだ。ジューダス・プリーストのビデオクリップをいくつか探してみてほしい。「ファイアーパワー」「ラム・イット・ダウン」「ペインキラー」「ヘル・ベント・フォー・レザー」あたりがいいだろうか。気づいたはずだ。延々と鳴るギターリフとギターソロ、爆音のドラム、ヘッドバンギング（訳注：頭を激しく振る動作）──しかも、メンバーが一斉にやるのが超メタル──そして死に神さながらのハルフォードのボーカル。

　エンサイクロペディア・メタラムが取り上げたバンドすべてが、ジューダス・プリーストに「似ていない」というより「似ている」に近ければ、メタル・バンドだけを勘定に入れていることになる。しかし、メタルの学術文献

図表3-3　ポイズンはメタルではないよね？

Photograph by Denis O'Regan © Getty Images

（はい、あるんです、そんなものが）と歴史に通じ、ウィキペディアのメタル項目にも詳しい私は、時折、違う種類のバンドが「メタル」と呼ばれるのを目の当たりにしてきた。たとえば彼らだが、このバンドはメタルではないと言い切って差し支えないだろう。

　図表3-3はグラムロック・グループのポイズンで、私が10代のころに大人気だった。ウィキペディアを含む一部のソースは彼らを「メタル」と表記しているが、それは拡大解釈が過ぎるというものだろう。雑誌によってはジャーニーやフォリナーのようなメロディック・ロックのバンドまでヘヴィメタルと呼んでいるのを見た。どちらも良いバンドではあるが、メタル？　違うだろう。

　いずれにせよ、私は数分かけてエンサイクロペディア・メタラムのデータベースを調べたが、これらのバンドは1つも入っていなかった。リストにある数万バンドの一部をチェックしたところ、少なくともパッと見は立派なメタルと言ってよさそうだった。徹底検証したわけではないが、正当な出典であり、とんでもない間違いを犯していないことだけは確認できた。

　一安心した私は、地図グラフを友人と同僚に送った。

何を、どう算入してグラフにしているか？

　グラフを読むにあたって欠かせないのは、何を、どう算入しているのかを検証することだ。私の大学院の教え子で、今はワシントンで記者をしているルイス・メルガー氏は、フロリダ州の学校に入学したホームレスの子供たちについて「屋根のない学校」というタイトルで調査を行った。その数は2005年の2万9545人から2014年には7万1446人に増えている。フロリダ州の一部の郡では、生徒5人のうち1人強がホームレスだ。

　ショックを受けた。こんなに多くの生徒が、路上で暮らしているのだろうか？　「ホームレス」と聞いて私が想定するのは、そういう状態だ。しかし、現実はかけ離れていた。ルイス氏の記事によると、フロリダ州の公的教育制度

図表3-4　このグラフのホームレスは、路上で寝ている人だけではない（フロリダ州）

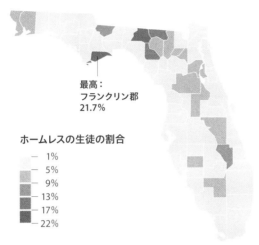

（出典：http://www.lmelgar.me/without-a-roof/）

では、「1カ所に定まり、必要条件を満たした夜間の住居」がなかったり、「住宅を失ったため」あるいは「経済的困窮」のために、親戚以外の人々と一緒に暮らしている生徒をホームレスと呼んでいる。

　したがって、これらの生徒の大半は路上で生活してはいないが、安定した家がないのも事実だ。グラフは初見ほど悲惨に見えなくなったかもしれないが、悲惨なことに変わりはない。住所が不定で、しょっちゅう家から家へと渡り歩く生活では、学校の成績はぐんと落ちるし、品行も悪くなるし、長期的にも悪影響が出かねない。ルイス氏の調査が示しているとおりだ。ホームレス問題の解決策について議論することは非常に重要だが、そのためには、何を測定したグラフなのかを正確に知る必要がある。

ネット上にあふれる怪しいグラフ

インターネットとソーシャルメディアは情報を生み出し、発見し、拡散する

強力な道具だ。私のソーシャルメディアは、ジャーナリストや統計学者、科学者、グラフデザイナー、政治家が、書いたりまとめたりしたコメントであふれている。友達の投稿もあれば、知らない人のもある。私たちはみな、見出しや写真、動画の洪水にさらされている。

　私はソーシャルメディアが大好きだ。今まで知らなかった何人ものデザイナーのグラフを発見し、ほかでは出会えなかったであろう、多くの執筆者の文章を読むきっかけになった。ソーシャルメディアのおかげで、良いグラフや怪しいグラフの情報源をいくつもフォローできている。

　たとえば、米国の議員による奇妙な画像を集めているツイッターのアカウント、@FloorCharts がある。ワイオミング州選出のジョン・バラッソ上院議員が示している、このグラフを見てほしい。パーセントの変化とパーセント・ポイントの変化を混同している。39％から89％への上昇は、50％ではなく50パーセント・ポイントだし、128％の上昇でもある。

図表3-5　パーセント・ポイントとパーセントを間違えて……

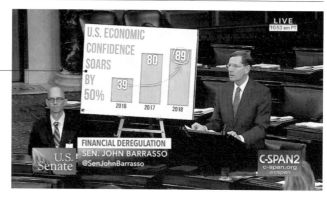

米国の景気信頼感が
50％の急上昇

しかしながら、ソーシャルメディアには闇の側面もある。ソーシャルメディアの活力は何と言ってもシェアだ。目に入ったものを何でも、あまり注意を払わずに素早くシェアする。だから私も、ヘヴィメタルの地図を不注意に拡散してしまった。私の好みや固定観念に響く地図だったので、最初はきちんと考え

ずにシェアした。あとで罪悪感から投稿を消し、出典を検証してからシェアしなおした。

　私たち全員がシェア衝動をもう少し頻繁に抑え始めたら、世界はずっと良い場所になるだろう。昔はジャーナリストや新聞、雑誌、テレビ局のオーナーなど、情報発信プラットフォームにアクセスできるプロだけが、市民が受け取る情報をコントロールしていた。今は誰もが情報のキュレーター（収集し、公開する人）だが、それにはおのずと一定の責任が伴う。一つには、私たちが読み、拡散しようとするコンテンツが正当なものであることを、できる限り確かめることだ。そのコンテンツが自分の強い信念や思い込みを裏付けるように見える内容なら、なおさらだ。

　時には、人の生命がかかるかもしれないのだから。

ヘイトクライムの背景となったグラフ

　2015年6月17日の夕方、ディラン・ルーフという21歳の男が、サウスカロライナ州チャールストンのエマニュエル・アフリカン・メソジスト監督教会に入ってくると、クレメンタ・ピンクニー牧師に面会を求めた。約20年にわたって州の上院議員を務め、市と州で尊敬を集める人物だ。

　ピンクニー牧師は、教会の地下室で行われている聖書勉強会へとルーフを案内した。牧師は少人数の信者グループと、聖書について意見を交わす。白熱した議論の末、ルーフは拳銃を取り出し、9人を殺害した。犠牲者の1人がやめてと懇願すると、ルーフは答えた。「だめだ。てめえら、俺たちの女をレイプして国を乗っ取ろうとしてるじゃねえか。こうするしかねえ」。ルーフの言った「てめえら」とは「アフリカ系米国人」のことだった。マザー・エマニュエルの別名を持つこの教会は、米国屈指の歴史ある黒人教会だ。

　ルーフは逮捕され、米連邦初の憎悪犯罪（ヘイトクライム）の被告として死刑を言い渡された。彼は声明と供述の両方で、深い人種的憎悪を抱くに至った経緯を説明している。インターネットで「黒人による白人に対する犯罪」の情報を探したことに言及。最初の情報源として挙げたのが、人種差別主義者の組

織である保守市民評議会（CCC）だ。CCCは次のようなグラフ入りの記事を出し、白人であることを理由に黒人の加害者が白人を標的にする事例が、その逆のケースよりはるかに多いと主張している。

図表3-6　黒人は白人をより多く犯罪の標的にしている？

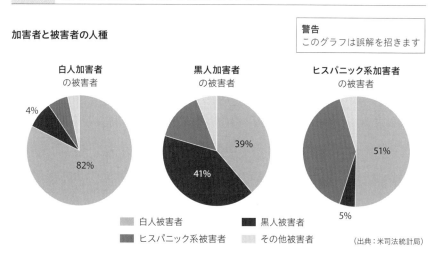

加害者と被害者の人種

警告
このグラフは誤解を招きます

白人加害者
の被害者

黒人加害者
の被害者

ヒスパニック系加害者
の被害者

4%　82%

41%　39%

51%　5%

- 白人被害者
- 黒人被害者
- ヒスパニック系被害者
- その他被害者

（出典：米司法統計局）

　自分の見たいものが目に映ってしまうのは人間の性で、ルーフも例外ではなかった。彼の声明を読むと、幼少期や青年期に抱いた人種をめぐる不満に考え方が支配され、その後、過激主義者組織が政治的意図でねじ曲げたデータやグラフによって、観念がさらに凝り固まったことがわかる。

　CCCのグラフは、白人至上主義者のジャレッド・テイラー氏が製作したもので、ナショナル・レビュー誌のヘザー・マクドナルド氏の紛らわしい記事に着想を得ている。このケースは、一次情報源をチェックすることの大切さ、そして細かい文字を読んでグラフ製作者が数字をどこから取ってきたのか確かめることの重要性を示す好例だ。

出典はどこ？

テイラー氏のデータは、米司法統計局の加害調査から取っている。グーグル検索で簡単に見つかる。より具体的には、次の表から取っている。数字を読む方向を示すため、私が短い矢印を記入した。赤枠で囲まれた数字を横一列に合計すると100％になる。

図表3-7	司法統計局による元データ

凶悪犯罪被害者の人種別分布 2012-2013年　ヒスパニックとは犠牲者および被害者の出自を指す

被害者の人種	被害者の年平均人数	合計	加害者の人種				
			白人 /a	黒人 /a	ヒスパニック	その他 /a,b	未確認
凶悪犯罪の合計	6,484,507	100% ←→	42.9	22.4	14.8	12.1	7.8
白人 /a	4,091,971	100% ←→	56.0	13.7	11.9	10.6	7.8
黒人 /a	955,800	100% ←→	10.4	62.2	4.7	15.0	7.7
ヒスパニック	995,996	100% ←→	21.7	21.2	38.6	11.6	6.9
その他 /a,b	440,741	100% ←→	40.3	19.3	10.6	20.3	9.5

a ヒスパニック系、つまり中南米出身者を除く
b アメリカ先住民、アラスカ先住民、アジア系、ハワイ先住民、その他太平洋諸島先住民、2種類以上の人種に属する
　人々を含む

（出典：米司法統計局の全米犯罪被害調査）

　この表は、殺害を除く凶悪犯罪を示している。「白人」と「黒人」にヒスパニック系の白人、黒人が含まれていないことに注意しよう。「ヒスパニック」とは、肌の色や人種にかかわらず、出自が中南米の人全員を意味する。

　この表の数字と、テイラー氏が作り上げた数字の違いを理解するのは、なかなか難しい。まずは、表が何を伝えているのかを言葉にしてみよう。正直なところ、私でさえ自分に説明してみてからでなければ、これらの数字を整理するのは一苦労だろう。

- 2012年と2013年に、殺害を除く凶悪犯罪の被害者が約650万人出た。
- うち400万人強（全体の63％）が白人で、約100万人（15％）が黒人だった。

残りは他の人種や民族。

- 次に「白人」の列に着目しよう。白人被害者の56％は白人加害者に、13.7％は黒人加害者に攻撃された。
- 今度は「黒人」の列だ。黒人被害者の10.4％は白人加害者に、62.2％は黒人加害者に攻撃された。

　この表が伝えていること、つまりデータの真実はこうだ。非ヒスパニック系の白人と黒人の被害者の割合は、米国の人口に占めるそれぞれの割合に非常に近い。非ヒスパニック系白人被害者の割合は63％で、国勢調査局によると米国の人口の61％は非ヒスパニック系白人（ヒスパニック系白人を含めると70％を超える）。黒人被害者は15％で、人口の13％がアフリカ系米国人だ。

　人が犯罪の犠牲者になるときには、加害者が同じ人種である可能性のほうが、そうでない可能性より高い。テイラー氏と同じフォーマットを使いながらも、しかるべき数字を表示したグラフを作ってみよう。

図表3-8　本来ならこうなるグラフだった

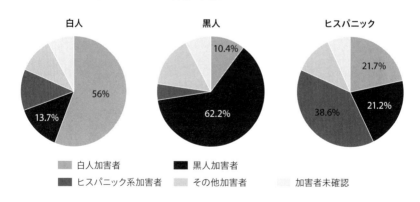

被害者が以下の人種だったときの加害者の人種

| 白人 | 黒人 | ヒスパニック |

白人：56%、13.7%
黒人：10.4%、62.2%
ヒスパニック：21.7%、21.2%、38.6%

凡例：白人加害者　黒人加害者　ヒスパニック系加害者　その他加害者　加害者未確認

白人至上主義者の意図的数字操作法

　テイラー氏の数字はなぜ、ここまで司法統計局の数字と違うのだろう？　人種憎悪を煽るメッセージありきで、算数の手品によって数字をそれに合わせたからだ。彼自身の言葉を借りると、「白人が暴力をふるうときには（たいての場合）同じ白人を相手に選び、黒人を攻撃することはなきに等しい。黒人は、黒人と同じ頻度で白人にも暴力をふるう」

　これに合う数字を出すため、テイラー氏はまず、司法統計局の表のパーセントを犠牲者の数に変換した。たとえば、白人の犠牲者が400万人で、うち56%が白人に攻撃されたと表にあれば、白人に攻撃された白人は約230万人ということになる。

　テイラー氏が最初に作った表は次のようなものだろう。

図表3-9　テイラー氏の第1ステップ

被害者の 人種と民族	被害者の 年平均人数	白人 加害者	黒人 加害者	ヒスパニック 加害者	その他 加害者	未確認
合計	6,484,507	2,781,854	1,452,530	959,707	784,625	505,792
白人	4,091,971	2,291,504	560,600	486,945	433,749	319,174
黒人	955,800	99,403	594,508	44,923	143,370	73,597
ヒスパニック	995,996	216,131	211,151	384,454	115,536	68,724
その他	440,741	177,619	85,063	46,719	89,470	41,870

　テイラー氏は続いて、この表を縦列ごとに読んでいき、「合計」の数字で割って、その他すべての数字をパーセントに変換した。たとえば「黒人の加害者」の縦列を見よう。黒人の加害者による犠牲者の合計は145万2530人。うち56万600人が白人なので、38.6%となる。テイラー氏が円グラフで示した最終的な数字が**図表3-10**だ。

（私とテイラー氏の計算が小さく食い違っているのは一点だけで、私は白人加害者による白人被害者の割合を82.4%としているのに対し、彼は82.9%としている）

| 図表3-10 | テイラー氏の第2ステップ |

被害者の 人種と民族	被害者の 年平均人数	白人 加害者	黒人 加害者	ヒスパニック 加害者	その他 加害者	未確認
合計	6,484,507	2,781,854	1,452,530	959,707	784,625	505,792
白人	63.1 %	82.4 %	38.6 %	50.7 %	55.3 %	63.1 %
黒人	14.7 %	3.6 %	40.9 %	4.7 %	18.3 %	14.6 %
ヒスパニック	15.4 %	7.8 %	14.5 %	40.1 %	14.7 %	13.6 %
その他	6.8 %	6.4 %	5.9 %	4.9 %	11.4 %	8.3 %

数字が正しくても、歪んだ結論を生む4つの前提

　算数的に言えば、これらのパーセント値は正しいのかもしれない。しかし算数は、数字に意味を与える主な要因ではない。数字は常に文脈で判断しなければならない。テイラー氏は少なくとも4つの怪しげな前提に立っている。

　第1に、彼は米国の人種構成を無視している。国勢調査局によると、2016年時点で米国の人口の約73%が白人（ヒスパニック系白人を含む）で、13%が黒人だった。この事実に基づき、マイアミ大学・大学院の私の教え子でデータアナリストのアリサ・フォワーズ氏は、紙ナプキンの裏でこんな計算をしてくれた。

　架空の（それにすごく活発な！）白人加害者がいて、半分は同じ人種を狙い、あと半分は人口全体をランダムに狙うとすると、被害者の86.5%は白人、6.5%は黒人になる。

　一方、ある黒人加害者がまったく同じことをする、つまり半分は同じ人種を狙い、あと半分は人口全体をランダムに狙うとすると、黒人は被害者の56.5%にとどまり、白人は36.5%になる。まるで黒人加害者が故意に白人を狙う頻度が、白人加害者が黒人を狙う頻度よりも多いように見えるが、実際は米国の人口構成が原因で、単純に潜在的な白人被害者の数がずっと多く、黒人被害者がずっと少ないだけのことだ。

　2つめの怪しい点は、自身の計算方法のほうが、司法統計局より優れているという前提にある。凶悪犯罪の性質を考えれば、それは逆だ。加害者は自分に似ていたり、近所に住んでいたりする人を狙うことが多い。たとえば、凶悪犯罪の多くは家庭内暴力によるものだ。司法統計局は「強盗を除くすべての凶悪犯罪において、同人種間の加害の割合が、異人種間の加害の割合を上回る」と説明している。強盗が例外なのは、強盗犯なら自分より裕福な地域に住んでいる人を狙うからかもしれない。

　このことは、テイラー氏の3つめの間違った前提と関係してくる。つまり、加害者は人種を理由に被害者を「選ぶ」。そして黒人が被害者に白人を「選ぶ」のは、白人が黒人を「選ぶ」頻度より多い、という前提だ。計画的な犯行を除き、犯人は被害者を選ばないし、人種で選ぶことはなおさら少ない。最も一般的な凶悪犯罪は、加害者が相手にカッとした（家庭内暴力）、あるいは相手から高価な物を奪いたい（強盗）、という理由で起こる。黒人が白人に強盗を働くことはあるだろうか？　もちろんある。だがそれは、人種的な動機の犯罪とは言えない。

　4つめの前提は、最も重要な点だ。テイラー氏は、真に人種的な動機の犯罪、つまりヘイトクライムの統計が存在しないと、読者に思わせたがっている。実際には存在し、そうした統計のほうが彼の論点にはふさわしいはずだ。ところが、その数字は彼にとって、かなり都合が悪い。法執行機関の報告によると、2013年に人種的な動機によるヘイトクライムは3407件起きており、うち66.4％は黒人に対する偏見に、21.4％は白人に対する偏見に起因したものだ。

　テイラー氏がグラフで取り上げるべきだったのは、こうした数字だ。ジョージ・メイソン大学のデイビッド・A・シューム教授が著書 "The Evidential Foundations of Probabilistic Reasoning"（確率的推論の根拠）で記したように、データが「特定の推論においてエビデンスになるのは、その推論との関連性が立証されているときだ」。加害者の多くが黒人で、被害者の多くが白人だという事実は、加害者が被害者を選んでいるとか、仮に選んでいるとしても、それが人種的な動機に根差しているという推論のエビデンスではない。

　ディラン・ルーフが見つけたのが、保守市民評議会（CCC）によって細工さ

れた数字ではなく、このような数字だったら……、と思わずにはいられない。彼は人種に対する思い込みを変えただろうか？　それはなさそうだが、少なくとも思い込みがさらに強まることはなかっただろう。おかしな算数やグラフは、死さえ招きかねない。

私の嘘を告白しよう

　経済学者のロナルド・コース氏はかつて、データはじっくり拷問すれば必ず白状するものだ、と言った。詐欺師はこのモットーをわがものとして使い倒している。ディラン・ルーフの人種差別的思い込みを助長したグラフからわかるように、同じ数字でも、操り方次第で正反対のメッセージを伝えうる。

　私が社員30人の会社を経営しているとして、株主への年次報告書で、わが社は平等性に気を使い、男女同数ずつ採用していることに触れるとしよう。報告書では、女性従業員の5分の3が、同じ職級の男性従業員よりも給与が高いことも誇示する。従業員全体で見て、女性のほうが男性より給与が低い傾向にある、という事実を帳消しにするためだ。私は嘘をついているだろうか？　その答えは、すべてのデータを表で開示しなければわからない。

図表3-11　私の会社は男女が平等！　と言えるだろうか？

女性従業員

従業員	給与（$）	従業員	給与（$）
マネージャー	150,000	正社員	45,000
マネージャー	130,000	正社員	42,000
マネージャー	115,000	正社員	40,000
管理者	76,000	正社員	38,000
管理者	74,500	正社員	36,000
管理者	72,000	正社員	35,250
正社員	70,000	インターン	15,000
		インターン	15,000

男性従業員

従業員	給与（$）	従業員	給与（$）
マネージャー	162,000	正社員	44,750
マネージャー	138,500	正社員	41,000
マネージャー	125,000	正社員	39,500
管理者	80,000	正社員	37,000
管理者	76,000	正社員	35,500
管理者	73,000	正社員	35,000
正社員	68,500	インターン	14,000
		インターン	14,000

■ 同一ポジションで女性のほうが男性より給与が高い　　■ 同一ポジションで男性のほうが女性より給与が高い

　私は、真っ赤な嘘はつかなかったかもしれない。しかし、すべての事実を開

示しなかったのも事実だ。過半数の女性従業員は男性より給与が高いが、平均すると男性従業員のほうが女性より高い給与を得ている、という事実を隠した（平均は男性が6万5583ドル、女性が6万3583ドル）。こういうことが起こるのは、管理職の給与のばらつきが大きいためだ。わが社の真の姿を示したいなら、平等性の測り方としてどちらの方法も意味を持つ。

　今のは架空の例だったが、ニュースメディアには似たような事例があふれている。2018年2月22日、BBCニュースはこう報道した。「バークレイズ銀行、女性職員の給与が男性を43%下回る ―― バークレイズ銀行が政府に提出した性別給与格差データによると、同行の女性従業員の給与は男性に比べ、最大で43.5%少ない」

　これも嘘ではない。バークレイズの給与格差が大きいのは事実だ。しかし、データアナリストのジェフリー・シェイファー氏が指摘したとおり、43.5%の格差は全体像を伝えていない。次のようなグラフを見る必要がある。見落としているかもしれない切り口を示してくれるからだ。

図表3-12　給与格差の背景にある別の切り口

　バークレイズには確かに給与格差の問題が存在するが、同じ職級における格差ではない。同行の報告書によると、職種の近い男性と女性は、給与水準がほぼ同じだ。バークレイズの問題は、大半の女性職員が平社員で、管理職は大半が男性だという点にある。

　したがって、問題解決のカギは昇格制度にあるのかもしれない。同行のジェ

ス・ステイリー CEO は、「バークレイズでは女性の存在感が高まっているが、いまだに女性の大部分が軽い職務で給与が低く、男性の大部分が上級職で給与も高い」と述べている。

数字は常に複数の解釈を生み出しうるし、複数の角度からアプローチできる可能性がある。私たちジャーナリストが切り口をあまり変えないのは、その多くがずさんだったり、数字に弱かったり、あるいは単に急いで記事を出す必要に駆られるからだ。だから、グラフの読者は警戒を解いてはならない。

本当に誠実なグラフ製作者でも、失敗することはある。この本で取り上げた間違いをほとんど経験している私が言うのだから、間違いない。わざと嘘をつくつもりはなかったんだ！

グラフだけで真に受けてはいけない

2016年7月19日、ニュースサイトの Vox は、「手に負えない米国の医療コスト。11のグラフが証明」と題する記事を流した。

私が授業や会話で好んで口にする標語に、**「グラフだけで証明できることはまれ」** というのがある。議論や話し合いにおいて、グラフは強力かつ説得力のある材料になりうるが、普通、単独では価値を持たない。Vox が言及したグラフがこれだ。

図表3-13 アメリカの医療費はスペインの倍なのか？

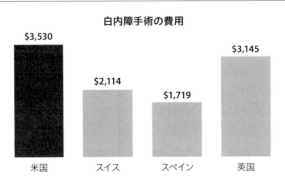

白内障手術の費用

$3,530 米国
$2,114 スイス
$1,719 スペイン
$3,145 英国

　Vox の記事は、私がソーシャルメディアでお勧めしたくなる、典型的なコンテンツだ。前々から思っていたことを確認してくれているのだから。多くの西欧諸国と同じく、わが母国スペインは公的な医療制度がかなり整っており、税金で賄われている。米国の医療費はもちろん「手に負えない」とも。身にしみてるよ！

　ただ、実際には、どのくらい手に負えないのだろうか？　Vox のグラフを見て、心の中で「デタラメ警報」が鳴った。コストが購買力平価（PPP）で調整されているかどうかに、記事が触れていなかったからだ。PPP は生活費とインフレ率を勘案し、異なる場所の物価を比べる方法だ。同一の商品群を買うとした場合、各国でその国の通貨がいくら必要になるかを計算する方式に基づいている。各地に移り住んだ私は、1000 ドルが大金の国もあれば、そうでもない国もあると確信を持って言える。

　私が PPP のことを考えたのは、スペインに住む親戚一同に医療従事者が多いからでもあった。父はもう引退したが、以前は医師で、叔父もそうだった。父方の叔母は看護師で、母はかつて大病院で看護師長を務めていた。父方の祖父も看護師だった。だから彼ら、彼女らの給与水準には詳しい。米国で同じ仕事に就いたとした場合の半分以下だった。これは Vox のグラフに示された比率に近い。

　私はデータの出所に興味を覚え、コストが比較できるよう調整されているか知りたくなって、ネットを探ってみた。記事に書かれていた引用元は、ロンドンに本拠を置く国際医療計画連盟（IFHP）の報告書。会員は 25 カ国にある、合計 70 の医療組織と保険会社だ。

　報告書には「概要」ページがあり、各国の医療処置と医薬品の平均コストを推計するのに用いた方法が説明されている。冒頭にはこうある。

　　各国のコストは、連盟会員の医療保険が提出したもの。

　つまり、この調査は 4 カ国のすべての医療保険提供者のコストではなく、あるサンプルのコストを平均している。原則として、これは間違っていない。ど

んな数値の推計でも、全員の平均を取るなど非現実的だ。米国民の平均体重を
考えてみるとよい。より現実的なのは、大規模で・ラ・ン・ダ・ム・な・サ・ン・プ・ルを取って
きて、平均を出すことだ。この事例で適切なサンプルは、国ごとにランダムに
選んだ医療保険群になるだろう。あらゆる医療保険の提供者が平等に選ばれる
必要がある。

　ランダムなサンプル抽出を厳密に行えば、そこから算出した平均値は、母集
団の平均値に近くなるだろう。統計学者であれば、注意深くランダムに抽出さ
れたサンプルは母集団を「代表している」と表現するはずだ。サンプルの平均
は母集団の平均と一致はしないだろうが、近似値になる。統計的推定が示され
るとき、それを取り巻く不確実性が付記されることが多いのはこのためだ。有
名な「誤差」がその一例となる。

　しかし、IFHP の用いたサンプルは、ランダムではない。・自・ら・選・ん・で・い・る。
IFHP の会員になることを選択した組織が報告した数字を平均している。自ら
選別されたサンプルは、そこから算出した統計値が母集団に対応しているかど
うかを見極める手段がないため、リスクが高い。

　自ら選んでサンプル抽出するもう一つの悪例には、あなたも馴染みがあるだ
ろう。ウェブサイトやソーシャルメディア上で実施される世論調査だ。左寄り
のネイション誌がソーシャルメディアで、ある共和党の大統領について支持、
不支持を質問したらどうなるか。結果は不支持が95%、支持が5%といったと
ころだろう。ネイション誌の読者は進歩主義者かリベラル派の可能性が高いの
だから、無理もない。フォックス・ニュースが同じ調査をすれば、正反対の結
果が出るだろう。

　それだけではない。IFHP の報告書の概要欄には、次にこんな段落があった。

　米国のコストは、医療費請求3億7000万件超と、薬剤費請求1億7000万
件超から引き出した。これらは交渉に基づいて医療提供者に支払われた料金
を反映している。

ところが別の国々については、

　民間セクターから取った。各々の国について、民間の医療保険1種類が提供したデータ。

　これは問題だ。なぜなら、その単一の民間医療保険が、その国のすべての保険を代表しているかどうかわからないからだ。サンプルに含まれるスペインの単一の医療保険が報告した白内障手術の料金が、スペインの白内障手術の平均料金とたまたま一致する、ということはあるのかもしれない。しかし、その医療保険が同国の平均よりはるかに高いとか、はるかに低いということもありうる。知りようがないのだ！　それは IFHP も同じことで、概要欄の最後でこう認めている。

　単一の医療保険のコストは、その市場の他の医療保険のコストを代表していない可能性がある。

　そうでしょうとも。この文はこっそりこう告げている。「われわれのデータを使う際には、読者にデータの限界を警告してください！」。なぜ Vox は、データにいくつもの限界があることを記事で説明し、読者が数字を少し、いや大いに割り引いて見られるようにしなかったのだろう？　私にも理由はわからないが、欠陥のあるグラフや記事を数多く出してきた身として、推測はできる。圧倒的多数のジャーナリストは善意で仕事をしているが、それと同時に多忙で、急かされており、私のようなうっかり者もいる。認めたくはないが、大失敗をやらかすことは思ったより多い。
　この件をもって、ニュースメディアを全部疑うべきだ、という結論に至るとは思わない。この点については章の最後に説明する。だが、情報の出所について注意深く考えようと思わされるし、推論に際して常識的な物差しを忘れてはならないこともわかる。カール・セーガンの明言のとおり、「突飛な主張を裏付けるには、並外れた証拠が必要になる」

カンザス州が汚名を着せられた理由

突飛な主張の一例がこれだ。いわく、米国の中で民主党色の強い州は、共和党色の強い州よりもポルノの閲覧件数が多い。有名なウェブサイト、Pornhubから取ったデータによると、カンザス州は例外だ。平均すると、同州の住民はネットでポルノを閲覧する件数が飛び抜けて多い。

図表3-14　カンザス州はPornhub閲覧数で突出している？

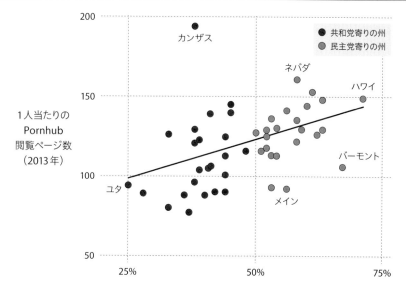

2012年大統領選で民主党候補（バラク・オバマ）に投票した割合

　おお、カンザス。淫らなる者よ！　汝（なんじ）の閲覧件数（1人当たり194ページ）は北東の地、メイン州（92ページ）やバーモント州（106ページ）に住む異教徒リベラルをはるかに上回るではないか。

　これは濡れ衣だ。その訳を説明するには、まず米国本土の地理上の中心がどこにあるかを見てもらう必要がある。

図表3-15 カンザス州は米国の地理上の中心点を含む

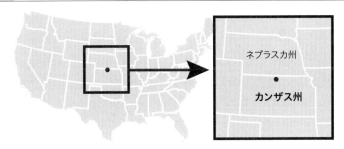

ネブラスカ州

カンザス州

● 米国本土の地理的中心地

　先に示した散布図は、クリストファー・イングラハム記者が、政治経済に関する個人ブログ、WonkViz のために作成したグラフをもとにしている。イングラハム氏の散布図と Pornhub のデータは、複数のニュースメディアに取り上げられた。いずれも後日、記事の訂正を出す羽目になっている。

　このデータと、そこから出した推論には、問題がある。第一に、Pornhub の閲覧がポルノ消費全体をうまく反映しているかどうかわからない。州によっては、ほかのサイトが見られているかもしれない。しかも、カンザス州の1人当たりポルノ消費量がこれほど多く見える原因は、特殊なデータの歪みにある。

　あなたが VPN（バーチャル・プライベート・ネットワーク：仮想専用線）のようなツールを使っていない限り、ウェブサイトや検索エンジンの運営者は、IP アドレスからあなたの居場所を特定できる。IP アドレスは、各人のインターネット接続に付与された識別用の番号だ。たとえば、私がフロリダ州の自宅から Pornhub のサイトを訪ねたら、同社のデータ担当者は私の大まかな住所を知ることができる。

　もっとも私は VPN を使っており、VPN は私のインターネット接続を、世界の別の場所にあるサーバーへと転送している。私は今、陽当たりの良いフロリダ州の裏庭で快適にこれを書いているが、私の VPN サーバーはカリフォルニア州サンタクララにある。もし私が Pornhub のデータベースに追加されたら、「カリフォルニア州サンタクララ」に登録されるか、あるいは私が VPN

を利用しているのはわかるだろうから、「不特定の場所」だとされるだろう。

　ところが、このケースで起こっているのはそれではない。私の居場所が特定できない場合、私はデータから削除されるのではなく、自動的に米国本土の中心にいることになり、カンザス州の人になる。イングラハム氏は散布図が伝える間違ったメッセージについて、こう指摘している。

　カンザスのデータが強く出たのには、地理上の位置が影響した可能性が高い。米国のサイトを訪れる人の正確な居場所をサーバーが特定できないとき、とりあえず国の中心部に位置することになる。この場合はカンザスだ。したがって、匿名の米国人たちがポルノを閲覧した結果、カンザスが汚名を着せられた（もしくは自分の手柄にした？）のが、ここに示された結果であるようだ。

逆の傾向を示唆するデータも存在する

　イングラハム氏がしたように、ジャーナリストやニュース機関が間違いを認めて訂正を出すことは、それらが信用できるという印だ。

　信頼性を見極めるもう一つの目印は、ジャーナリストが複数の角度からデータを掘り下げ、さまざまな出典にあたっているかどうかだ。好奇心に駆られた私は、ポルノの消費パターンと政治的傾向の関係に関する文献（そんなものもあるんです）をざっとあたり、ジャーナル・オブ・エコノミック・パースペクティブズが掲載した「赤信号の州：だれがオンラインのアダルト向け娯楽を買っているのか？」という論文を発見した。著者はハーバード大学の経営管理学教授、ベンジャミン・エデルマン氏だ。

　Pornhub のデータで、リベラル寄りの人々のほうが、2012年に同サイトでポルノを平均的に多く消費した、という結果が示されたのだとすれば、この論文はその反対のパターンを明らかにしている。共和党寄りの州のほうが、アダルト向け娯楽の消費量が多かったのだ。エデルマン氏のデータをもとに、私がさっと作ってみたグラフがこれだ（注：エデルマン氏はすべての州を計算に入れているわけ

ではない。また、変数同士の逆相関はかなり弱い）。

図表3-16　エデルマン教授のデータをもとに作成したグラフ

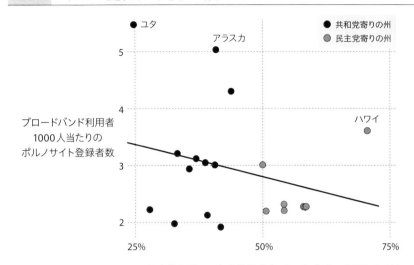

2012年大統領選で民主党候補（バラク・オバマ）に投票した割合

　ここでは、ユタ、アラスカ、ハワイの各州が「外れ値」となっている。このグラフを前のグラフと比べるときの注目点は、縦軸のラベルだ。イングラハム氏のグラフでは、1人当たりのポルノの閲覧ページ数だったが、ここではブロードバンド・ユーザー1000人当たりのポルノサイト登録者数になっている。

　グラフを正確に読むには、まず具体的に何が計測されているのか見定める必要がある。それによって、グラフに含まれるメッセージが根本から変わりかねないからだ。

　一例を挙げよう。私は・こ・の・グ・ラ・フ・だ・け・をもって、アラスカ、ユタ、あるいはハワイのポルノ消費が比較的多いと断言することはできない。もしかすると、これらの州の人々のポルノ消費は少なめだが、Pornhubのような無料サイトではなく有料サイトを見ることが多い、という可能性も十分ある。しかも、第6章で見ていくように、州の数字を示したグラフをもとに、州の・個・々・人・のポル

ノ消費量が多めだとか、少なめだとかの論陣を張ることはできない。

用心深いグラフ読者になるために

用心深いグラフ読者になることは、データの批判的な読み手になることを意味する。どんな出典が信用できるのかについて、センスを磨く必要も出てくる。いずれもこの本の範疇を越えた目標ではあるが、いくつかヒントを示したい。

メディアで目にする数字をより良く判断できるようになるために、役立つ本を何冊か紹介しよう。個人的にお勧めするのは、チャールズ・ウィーラン氏の『統計学をまる裸にする　データはもう怖くない』（日本経済新聞出版社）、ベン・ゴールドエイカー氏の"Bad Science"（未邦訳）、ジョーダン・エレンバーグ氏の『データを正しく見るための数学的思考』（日経BP）だ。これらを読むだけでも、日々統計を扱う際に誰でもやってしまうミスの多くが防げるかもしれない。グラフの紹介はほとんどないが、どれも素晴らしい本で、データに基づく推論の初歩的なスキルを学べる。

より良いメディア消費者になるためにお勧めするのは、ファクト・チェッキング・デイ（https://factcheckingday.com）というサイトだ。これは情報リテラシーとジャーナリズムを教える非営利の学校、ポインター・インスティテュートが設けたサイトで、グラフやニュース記事、サイトや情報発信元そのものの信頼性を見極めるのに役立つ特集が並んでいる。

これに関連した話で言うと、今ではネットに投稿する人全員が情報発信元だ。こうした役割はかつて、ジャーナリストやニュース機関、その他のメディア機関だけが担っていた。友達や家族など少人数のグループだけに向けて情報を発信する人もいれば、大勢のフォロワーを抱える人もいる。

私自身はツイッターで、同僚や知り合いのほか、まったく知らない人もフォローしている。私たちはみな、フォロワー数の多寡に関係なく、数百万人とは言わないまでも数千人、数万人に投稿が届く可能性がある。これには倫理的な責任が伴う。グラフや記事を不注意にシェアするのをやめる必要がある。誤解を招きかねないグラフや記事の拡散を防ぐという、市民としての義務は私たち

全員にある。私たちは、より健全な情報環境に貢献しなければならない。

ソーシャル・メディアでの拡散で失敗しないための手順

情報拡散について私が自らに課している原則を、ここで紹介させてもらおう。 これを参考にして、あなたがご自身の原則を作れるように。私の手順はこうだ。グラフを目にしたら必ず、情報発信元を注意深く点検する。時間が許せば、データの一次情報源にあたる。ヘヴィメタル・バンドの地図グラフや、医療費に関する Vox の記事について調べたときのようにだ。グラフをシェアする前に数分間これを行ったからといって、欠陥のあるコンテンツの拡散を必ず防げるとは保証できないが、その確率は減らせる。

データに基づいたグラフや記事に怪しさを感じたら、シェアはしない。その代わり、そのテーマについて私より詳しく、信頼できる人々に聞いてみる。たとえば、この本と掲載したすべてのグラフは、出版前に、データ関連分野の博士号を持つ友人数人に査読してもらった。自分自身でグラフの質を判断しきれない場合には、こうした人々の手を借りる。とはいえ、そのためにわざわざ知識人の友達をつくる必要はない。お子さんの算数や科学の先生に頼めば十分だろう。

グラフの間違いや、改善すべき点を説明できる場合には、ソーシャルメディアや私自身のサイトに、グラフを添えた説明を載せる。そのうえで、この投稿をグラフ製作者に知らせ、建設的な批判になるようベストを尽くす（悪意を持ったグラフであることが確信できる場合は除く）。私たちは誰でも間違いを犯すし、互いに学ぶことができる。

情報源が信用できるかどうかを判断する目安

私たち全員が、日々目にするグラフをすべて検証するなど、現実的ではない。 時間がないことが多いし、知識も不十分かもしれない。そこは信用に頼るしかない。情報源が信用できるかどうか、どうすれば判断できるだろう？

　ここに示すのは、ごく個人的な目安だ。私の経験則と、ジャーナリズム、科学、人間の脳が持つ欠点についての知識をもとにしている。以下、順不同。

- よく知らない情報源が製作、あるいはシェアしたグラフは、一切信用しない。信用してよいのは、グラフか情報源のいずれか、あるいは両方を検証できてから。
- データの出典に言及したり、出典に直接リンクを張ったりしていないグラフ製作者や情報発信元は信用しない。透明性は、適切な行動基準を示す証しの一つだ。
- グラフだけでなく、メディア全般について多様性のある閲覧を心がける。自分の主義主張がどうであれ、右寄り、中道、左寄りの人と情報発信元から、まんべんなく情報を得るようにする。
- 意見の違う情報源の発信も見て、そちら側も誠実に発信しているとの前提に立つ。大半の人々は故意に嘘をついたり、ミスリードしたりするのを望んでいないし、誰でも嘘をつかれるのは大嫌いだと私は確信している。
- グラフに欠陥のある原因が、急いで作成したためとか、不注意や無知で説明がつきそうなときには、悪意を持って作られたグラフだとは見なさない。
- 言うまでもないが、信用にも限度はある。ある情報源が繰り返しおかしなグラフを発信しているのに気づいたら、閲覧リストから外す。
- 必要とあれば、はっきりと見える形で訂正を出す情報源だけをフォローする。訂正もまた、市民として、プロとして高い基準を備えている証しだ。ことわざをまねるなら「過つは人の性（さが）、訂正するは神の業」。フォローしている情報源が、間違いが判明した後に訂正を出すシステムを備えていないようなら、リストから外す。
- ジャーナリストはみな、何らかの下心があると考えている人々がいる。これは、テレビやラジオ番組を席巻する評論家と、ジャーナリズムとを結び付けて考える人が多いことに一因がある。彼ら、彼女らの中にはジャーナリストもいるが、多くはそうではない。エンターテイナーか、PRの専門家か、政党のまわし者だ。

- ジャーナリストにはみな、政治的な意見がある。ない人などいるだろうか？　しかし、たいていのジャーナリストは自身の意見を抑えようと努め、ウォーターゲート事件を暴いた著名記者、カール・バーンスタイン氏が常々言うように、「入手しうる最善バージョンの真実」を伝えようとベストを尽くしている。

- 「入手しうる最善バージョン」は、真実ではないかもしれない。しかし、良いジャーナリズムは良い科学にちょっと似ている。科学は真実を明らかにするのではない。科学が得意とするのは、入手できるエビデンスに基づいて、真実らしきものに徐々に近づき、それを説明することだ。エビデンスが変われば、それに応じて説明も変わるはずで、そこはジャーナリズムも科学も同じだ。以前の見解が不完全な、あるいは間違ったデータに基づいていたことに気づきながら、けっして見解を変えない人は要注意。

- きわめて党派色の強い情報源は避ける。それらが生み出すのは情報ではなく公害だ。

- 単に特定の党派に属しているだけの情報源 —— あらゆる主義主張にわたって、信頼できる情報源は存在する —— と、極端に党派的なそれを見分けるのは、時として難しい。一定の時間と労力が必要になるが、手始めとして非常に良い目印がある。情報発信のトーンだ。たとえば、イデオロギーに凝り固まっていたり、大げさだったり、攻撃的だったりする言葉を使っていないか。使っていれば、面白がって見ることさえやめる。

- 極端に党派的な情報源、とくに自分と同意見の情報源は、キャンディーに似ている。時々なめるぶんには問題ないし、おいしい。毎日大量に食べると健康を害する。それより頭に栄養を与え、甘やかすのではなく訓練し、チャレンジさせよう。そうしないと枯れてしまう。

- 自分の主義主張に沿った情報源であればあるほど、すべてのコンテンツを批判的な目で読むことを自分に強いる。人間は、固定観念を裏付けてくれるグラフや記事を心地よく感じ、それに異を唱える内容には反発するものだ。

- 専門知識は重要だが、専門は分野別に分かれている。移民についてのグラ

フを論じるとき、あなたの素人判断も、機械エンジニアや物理学博士、哲学博士の判断も、有効性に変わりはない。一方で、統計学者や社会科学者、移民専門の法律家の判断に比べると、あなたの判断は正確性に劣る可能性が高い。知識に対しては謙虚に臨む。

- 専門家をたたくのが流行っているが、健全な猜疑心はすぐに度を越し、ニヒリズムに転じる。特定の専門家の言うことが、感情的、あるいはイデオロギー的な理由で気に入らないときには、特に要注意だ。

- 知りたくない現実を突きつけるグラフについては、過度に批判的になりやすい。そうしたグラフを読み、製作者が善意で作ったのだろうという前提に立ち、そのうえでグラフの内容が正しいかどうかを冷静に判断することは、通常よりずっと難しい。グラフの製作者や、その人たちの主義主張が嫌いだからというだけで、グラフを門前払いにしてはならない。

　最後になるが、グラフが嘘をつくのは、私たちが自分自身に嘘をつくくせに一因があると覚えておこう。これは本書の大切な学習事項なので、終章でじっくり説明したい。

第 4 章

不適切なデータ量でだますグラフ

感情を煽るために選択されたグラフ表現

デタラメ画像の売り込み屋なら、データのいいとこ取りをするのが人をだます近道だと知っている。強調したいポイントに合った数字を注意深く選び、矛盾する数字は全部捨てる。これで、望みどおりのグラフが一丁上がりだ。

反対のやり方もあるだろう。わざと少量の数字を選んで見せるのではなく、あらん限りの数字をグラフに詰め込んで、だましたい相手の処理能力を超えるようにする。1本の木に気づかれたくなければ、森全体をいっぺんに見せよう。

2017年12月18日、ホワイトハウスがツイートしたひどいグラフに、私の1日はひっかきまわされた。やっかいな問題について真摯に理性的な議論をしたいなら、良質なエビデンスを使う必要があるというのは、私が大切にしている信条だ。次のグラフはその条件を満たしていない。

図表4-1　家族関係に基づく移住に対するイメージを悪くしたい？

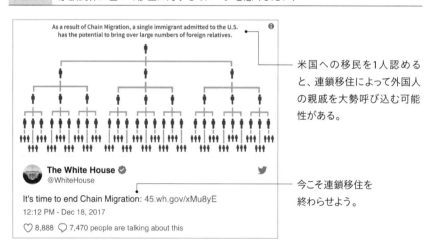

米国への移民を1人認めると、連鎖移住によって外国人の親戚を大勢呼び込む可能性がある。

今こそ連鎖移住を終わらせよう。

グラフに興味を抱いた私はリンクをたどり、これが「家族関係に基づく移民」に反対するシリーズの1つであるのを知った。一部のグラフは、過去10年

間の米国への移民の70％が家族を頼ったもので、総数930万人になると指摘していた。

　家族を頼った移民について、私は賛否いずれの方向にも強い意見を持たない。賛成派、反対派の両方から、説得力のある主張を聞いたことがある。一方の主張では、移民が直近親族ではない親戚を呼び寄せるのを許すことは、人道的な行為であるのみならず、心理的、社会的にも恩恵をもたらしうる。家族のネットワークが広く強ければ、安心、安全、安定が得られるからだ。他方、能力に基づく移住を後押しし、高い職能を持つ人の数を増やす代わりに、そのほかの移民を制限するのも良案かもしれない。

　私が強い意見を持っているのは、プロパガンダや誤解を招くグラフについてだ。第一に、前章で注意したような大げさな言葉遣いが気になる。「連鎖移住」は過去に広く使われていた言葉だが、「家族関係に基づく移住」のほうがずっと中立的になる。

　ホワイトハウスは、米国に移動する人々のことをこう表現している。「過去10年間、米国は家族関係だけに基づいて移民930万人を再定住させた」。再定住？　私自身が移民で、スペイン生まれだ。妻と子どもはブラジルで生まれた。私たちは「米国によって再定住させてもらった」のではない。ここに引っ越してきたのだ。私たちが親戚を受け入れることがあったとしても、それも「再定住」ではない。やはり自主的に引っ越してくることになるだろう。

　ホワイトハウスの文言は、データを見もしないうちに意見を偏らせる意図で使われている。れっきとした科学に基づくトリックだ。人間は、瞬時の感情的な反応をもとに判断を下し、その後でその見方を裏付けるエビデンスを片っ端から利用する。理性的にデータを検証して判断するのではない。心理学者のマイケル・シャーマー氏が著書 "The Believing Brain"（信じる脳）で指摘しているとおり、信念を形成するのは簡単だが、それを変えるのは一苦労だ。私が熱のこもった言葉で訴えれば、聴衆からひそかに感情的な反応を引き出し、グラフの理解を歪めることができるかもしれない。

　しかもホワイトハウスのグラフは、感情を煽るためにわざと修辞的な描写スタイルを用いている。1人の移民が、いかに大勢の新たな移民を生み出す「潜

在性を秘めているか」見てほしい！　まるでバクテリアかネズミかゴキブリのように、世代ごとに3倍に増えている。こうした暗喩には、暗い歴史上の前例がある。ホワイトハウスがツイートしたグラフは、人種差別主義者や優生学の提唱者が好んで用いたグラフに、不気味なほど似ている。これは「劣性」人種が際限なく増殖するのを許す「危険性」を示した、1930年代のドイツのグラフだ。

図表4-2　1930年代のドイツで作られた差別的なグラフ表現

実際には、グラフのようには移住できない？

　グラフは、欠陥のあるデータに基づいているがゆえに嘘をつくこともあるが、データの裏付けが一切ないのに真相を描き出しているかのように見せて、嘘をつくこともある。このホワイトハウスのグラフが好例だ。

　最終的に数十人もの親戚を呼び寄せることになる、この典型的な移民は誰だろう？　わからない。この人物はすべての移民を代表しているだろうか？　と

んでもない。私が知っているのは、こういうことだ。私は2012年、特別な技能を持つ人に与えられる「H-1Bビザ」で米国に到着し、妻と2人の子どもを呼び寄せた後、グリーンカードを取得して永住者となった。グラフの頂点にいる人物が私で、次の段が私の家族だと考えてよい。

　ここまではいい。グラフではいちばん上に私がいて、その下に3人の親族がぶらさがっている。ここまではグラフも正しい。ただし、家族関係に基づいてビザが発給されるのは、毎年、私のような配偶者同士と、未婚の子どもたちから成る家族が大半を占めることに、ホワイトハウスは言及し忘れている。ごりごりの反移民活動家でさえ、この政策を廃止せよとは言わないと思うのだが、私の勘違いかもしれない。

　しかし、さらに下の段に進むと、どうだろう。2段目の移民が3人ずつ親戚を呼び寄せ始める？　そう簡単にはいかない。仮に、私の妻が彼女の母と兄弟姉妹を呼び寄せたい場合、非直近親族としてスポンサーになる必要があるが、このカテゴリーには叔父やいとこなどの拡大家族は含まれない。しかも、ある種のビザについてスポンサー申請するには、妻はまず市民権を得る必要があるので、もはや「移民」ではなくなる。

　家族関係に基づくビザの発給は、年間48万件までに制限されている。ナショナル・イミグレーション・フォーラムによると、直近親族に対するビザ発給には上限が設けられていないが、この発給件数は48万件から差し引かれる。したがって、非直近親族に発給されるビザの件数はずっと少ない数字になる。

　つまり、あなたは親族を誰でも呼び寄せられるわけではないし、非直近親族を呼び寄せるには何年も要するおそれがある。1つの国に発給できるビザの件数は制限されているからだ。

比較をせずに少ない数字のインパクトだけを訴えるグラフ

　政治的な争点になるトピックはしばしば、欠陥のあるグラフとデータの好例を生み出す。視点によっては悪例だ。たとえば2017年9月、ブライトバート・ニュースは見出しで「DACA受領者2139人、米国人への犯罪で有罪もしくは

起訴」と伝えた。

DACA は Deferred Action for Childhood Arrivals（幼少期入国者への措置猶予）の略称。幼少期に親に連れられて米国に不法入国した人の強制送還を猶予し、労働許可を与える政策で、オバマ前大統領が2012年に発表した。行政府で作られた政策であり、議会で審議すべきだったと批判する人も多い。私が理にかなっていると思う意見の中には、憲法違反にあたるとの指摘さえあり、トランプ大統領は2017年9月にこれを廃止した。

もっとも、この論争について話をしたいのではない。欠陥のあるグラフがまともな議論を妨げることがある、という事実に的を絞ろう。

ブライトバートのデータに基づき、記事のどぎつい修辞スタイルに合うようグラフを作ってみた。

図表4-3 犯罪者が異常に多い！　と印象づける表現

2,139

DACA 受領者
米国人への犯罪で有罪もしくは起訴

記事は最初の段落でこう伝えている。

　ジェフ・セッションズ司法長官は、オバマが作った DACA の廃止を発表した。この政策により、不法入国した若い外国人、80万人超が保護的地位と労働許可を与えられたが、その中で有罪判決を受けた者や、ギャングの一員、犯罪容疑者は今なお、仰天する数に及んでいる。

2139人という数字には、確かにびっくり仰天だ。

　ただし仰天するほど多いのではなく、仰天するほど少ない。記事によると、DACA受領者は80万人を超える。この数字が正しいとすれば、ギャングの一員になって起訴されたり、有罪判決を受けたりして、保護的地位を失った者の割合は非常に小さい。

　ちょっと簡単な計算をしてみよう。2,139を800,000で割ると約0.003。これに100を掛けてパーセントにすると0.3％。1000を掛けると、DACA受領者1000人当たり3人が悪事を働いて保護的地位を失ったことになる。

　この数字をほかと比べると、さらに小さく見える。ほかとの比較は常に行う必要がある。全体像に照らさず、単独の数字だけを見ても意味はない。DACA受領者1000人当たり3人という数字は、米国の人口全体に占める同様の割合と比較することができる。2016年の調査によると、2010年時点で「重犯罪歴のある者は、有権者人口の6.4％を占めている」と推計される。これは1000人当たり64人を超えるということだ。

図表4-4　一般有権者と比較するとむしろ少なかった……

DACA受領者 1000人当たり

3人が以下の理由で保護的地位を取り上げられる。「重犯罪で有罪、重大な不品行で有罪、複数の不品行で有罪、ギャングに所属、あるいは公衆安全上の懸念となる何らかの犯罪で逮捕」

米国に住む有権者年齢の人口 1000人当たり

64人が2010年時点で重犯罪歴がある。不品行で有罪となった人は含まず。

（出典：シャノン・サーラ・K.S.その他『米国における重犯罪歴のある人の増加、範囲、空間分布　1948から2010年』）

　私の比較のほうが、ブライトバートの単純な記事よりはずっと有益だが、いくつかの理由で不完全でもある。第一に、これは何人かの学者が算出した1つ

の推計値にすぎない（もっとも、これよりずっと小さい推計値は、探しても見つからなかった）。第二に、米国人口全体の推計値には、あらゆる年齢の人々が含まれている。より正確に比較するには、30代までの人口に絞って割合を出す必要があるだろう。なぜなら、DACA受領者は全員、30代かそれより若いからだ。

最後に、DACA受領者1000人中の3人には、重犯罪で保護的地位を失った者だけでなく、軽犯罪その他の軽い不品行によって失った者も含まれるのに対し、米国全体の推計値は重犯罪歴のある人しか算入していない。2016年の調査報告書を執筆した学者らはこう説明している。

重犯罪は、マリファナの所持から殺人まで、すべてを含む幅広い分類である。歴史的には、「重犯罪」という言葉は特定の「重大な犯罪」と、それほど深刻ではない軽犯罪を区別するために使われてきた。米国において、重犯罪は通常、禁錮1年超に値する犯罪を言い、軽犯罪はより短い禁錮刑や罰金、あるいはその両方など、より軽い制裁を与えられるものを言う。

重犯罪で国外追放されたDACA受領者だけを算入すると、グラフ上の数字はさらに小さくなるのかもしれない。ただ、追加的な調査を行わない限り、確かなことはわからない。

ブライトバートが主張するデータに基づき、私が最初に製作したグラフは、不適切な量のデータ、この場合は少なすぎるデータを示すことによってだますグラフの一例だ。さらに細かく分類すると、主張を通す目的などでデータをいいとこ取りし、比率ではなく実数を示したり、その反対のことをする類いのグラフにも属する。

比較対象が少なすぎても、多すぎても嘘になる

どんなグラフでも、現実の深みをそっくりそのまま伝えるのは無理だ。しかし、グラフの良し悪しは、現実を単純化しすぎることと、詳細を詰め込んで焦

点をぼかすこととの間で、いかにバランスを取れるかにかかっている。2017
年11月、ポール・ライアン前米下院議長はソーシャルメディアで、この月に
可決された「減税雇用法」を宣伝した。次のような表現を使って。

図表4-5 減税額は多いか少ないか？（比較データがないグラフ）

　2017年の減税についてあなたの意見がどうであれ、このグラフは事を単純
化しすぎだ。平均だけでわかることは少ない。「平均」あるいは「平均」に近
い家族は、米国にどのくらいいるのだろう？　過半数を大きく超えるのかな？
私が詳細を知らなかった場合、ライアン氏の数字を信用するとして、思い描く
のはそんなところだろう。
　国勢調査局によると、この本の執筆時点で米国の世帯年収の中央値は6万ド

図表4-6 中央値が6万ドルの架空のグラフ

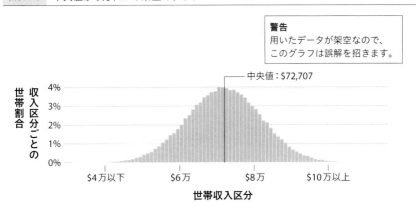

ルだ。（注：家族収入と世帯収入は一致しない可能性がある。世帯とは、1つの住居単位に住んでいる1人以上の人だが、すべての世帯が家族とは限らない。家族とは、出生や養子縁組、結婚によって結ばれた複数の人を指す。もっとも、家族収入と世帯収入の分布は似た形をしている）

　大半の世帯の収入が6万ドルに近いことを示す、架空のグラフを作ってみよう（**図表4-6**）。

　この種のグラフはヒストグラムと呼ばれ、度数分布を示すのに使われる。このケースでは、米世帯の収入別の、仮説に基づく、そして虚偽の分布だ。このヒストグラムにおいて、棒の高さは各収入区分の世帯のパーセントに比例している。棒が高いほど、その収入水準の世帯は多い。すべての棒を積み重ねると100％になる。

　私が作った架空のグラフでは、最も高い棒数本は中心にあり、中央値に近い。大半の世帯の収入は、4万ないし8万ドルの範囲に入っている。しかし、米世帯収入の本当の分布は非常に異なる。このように。

図表4-7　実際の世帯収入ヒストグラムの中の6万ドルの位置は？

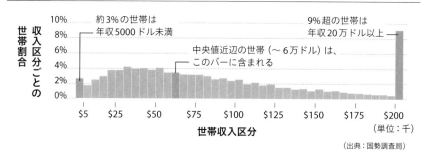

（出典：国勢調査局）

　米国の世帯収入はきわめて広い範囲に及び、年収5000ドル未満から数百万ドルまでさまざまだ。分布があまりに偏っているため、グラフに全体像を示すことさえできない。富裕世帯を「年収20万ドル以上」の棒にひとまとめにする必要がある。残りの目盛りと同様、横軸を5000ドル刻みで伸ばしていこうとすれば、数十ページを要するだろう。

　したがって、平均的な家族で1182ドルが浮くことだけを語っても、ほとんど意味はない。ほとんどの世帯と家族は、浮くお金が平均より少ないか、逆にずっと多いだろう。

どのくらいの比較データがあればいいのか？

　納税者であると同時に、市民としての議論を楽しむ者として、私は高い税率も気になるが、財政の均衡やインフラ、国防、教育、医療への投資についても懸念している。自由と公正の両方に関心がある。したがって私が議員から聞きたいのは、収入分布全体の中でどのくらいの家族が減税の恩恵をこうむるか、ということだ。

　このような問題では、ざっくりとした平均値に触れるだけでなく、さらに詳細なデータを示さなければならない。収入が1万ドルないし10万ドルの人々、そして100万ドルを超える人々は、それぞれ平均で年間いくら浮くのだろうか？

図表4-8　世帯収入ごとの収入増加率（税引き後）

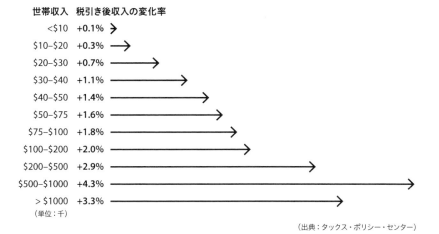

（出典：タックス・ポリシー・センター）

　タックス・ポリシー・センターは、減税雇用法によって典型的な世帯で税引き後の収入が何パーセント増えるか、収入区分ごとに推計した。

　年収100万ドルを超える世帯で税引き後収入が3.3%増える（100万ドルの3.3%は3万3000ドル）一方、中間層、たとえば年収7万ドルの世帯が1.6%の増加（年間1120ドル）にとどまるのが公正かどうかは、議論に値すると思う。減税への支持、反対は自由だが、この件について熟慮するには、単に平均や中央値だけでなく、ずっと詳細なデータを見る必要がある。

　中心的傾向を測る平均や中央値は有用だが、データ全体の形や実相をうまく要約できないことがよくある。平均だけに基づくグラフは、その平均があまりにも乏しい情報しか反映していないために、嘘をつくことがある。

　収入のようなテーマについて議論する際には、多すぎる情報を見せることによって嘘をつくこともできる。私が米国のあらゆる世帯の収入をプロットし、数千万もの細かいドットだらけのグラフができあがったとしよう。もちろん、やり過ぎだろう。そこまで細かい情報がなくても議論はできる。世帯収入分布のヒストグラムは、過度な単純化と過度な複雑性の間で良いバランスを取っている。私たちが見るすべてのグラフに、このバランスを要求すべきだ。

絶対か、相対かでだますグラフ

　私はアドベンチャー映画が大好きで、ライアン・クーグラー監督のマーベル映画『ブラックパンサー』は、引き込まれる筋といい、カリスマ性のあるキャラクターといい、素晴らしい冒険作品だ。興行的にも非常に成功しており、多くのニュースメディアによると「『スター・ウォーズ／フォースの覚醒』と『アバター』に次いで、興行収入は米国映画史上、第3位」に輝いている。

　これは事実ではない。『ブラックパンサー』は、その出来栄えにふさわしい大成功を収めたが、米国史上、興行収入が第3位の映画ではない可能性がかなり高い。

　映画の興行収入をめぐる記事にありがちな問題は、物価動向を踏まえて調整

した料金で考えるべきなのに、調整前の料金で計算していることだ。あなたは5年前に比べ、同じ商品に高い代金を払っていないだろうか。何年も同じ仕事に就いている場合、給料が上がったかもしれない。私も上がった。ただ、それは絶対額（名目価値）であり、相対額（実質価値）の増加ではない。物価が上昇しているため、銀行口座に毎月振り込まれる給料は上がったように見えても、実感としては増えていない可能性がある。私が今の給料で買える量は、3、4年前とほぼ同じだ。

　次のようなグラフが抱えるのが、そうした問題だ。これはデータアナリスト兼グラフデザイナーのロディー・ザコビッチ氏がウェブサイト、ファンダンゴのデータを使って製作したグラフに着想を得たもので、公開初週の週末に興行

図表4-9　単純な絶対額でのグラフ

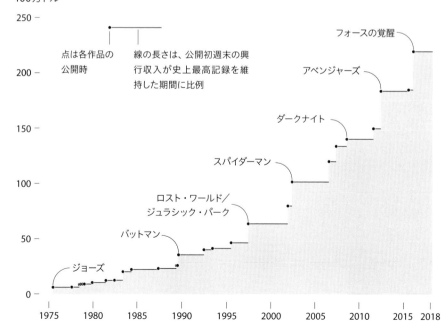

公開初週末の興行収入の史上最高記録

100万ドル

収入が最も多かった映画をプロットしている (注：ロディー自身、このグラフの欠点を
十分承知している)。

　このグラフは全期間の収入を示したものではないため『ブラックパンサー』
は入っていないが、「史上最高記録を塗り替えた映画」に関してソーシャルメ
ディアで見かけるほとんどの記事と同じだまし方をしている。物価に応じて調
整せず、実質額ではなく名目額を示しているのだ。映画料金が調整前のドル建
てで5ドルから15ドルに上がっているとすれば、「興行収入が史上最高の映画」
になるハードルは下がる。多くの興行収入ランキングで最近の映画がトップの

図表4-10　物価調整後のグラフ

公開初週末の興行収入の史上最高記録

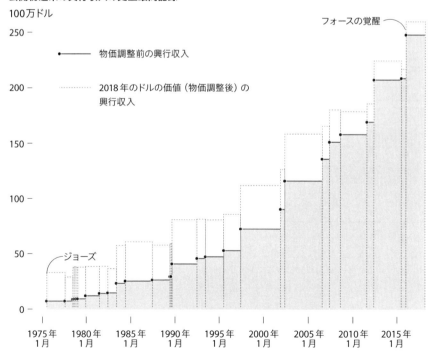

常連で、古い映画が底辺にあるのはこのためだ。

　これを修正するため、私は米労働省労働統計局が作成した無料のオンラインツールを使い、グラフに含まれる各映画の興行収入を2018年のドルの価値に換算した。その結果をプロットすると、前のグラフと少し違う様子になった。初週の興行収入ランキングはあまり変わらないが、古い映画の成績がかなり良くなっている。ご自身で確かめてほしい。

　図表4-10のグラフは、調整前の額（赤い線）と、2018年のドル価値で調整した額を比較している。すべての棒が高くなっているが、変化率には大きな差がある。『スター・ウォーズ／フォースの覚醒（2015年）』の興行収入は約5%の増加だが、『ジョーズ（1975年）』は360%超も増えている。つまり、『ジョーズ』が2018年に公開されていたら、興行収入は名目額の700万ドルではなく、3200万ドルだったということだ。

業界の状況の変化は加味しなくてよいのか？

　私は映画制作ビジネスの専門家ではなく、映画とニュースを楽しむ一個人にすぎないが、グラフを研究する教授およびデザイナー業で生計を立てる者として、興行的な成功と失敗をめぐるグラフや記事に不備が多いのは目につく。映画産業の変貌ぶりを考慮せずに『ジョーズ』と『スター・ウォーズ／フォースの覚醒』を比べるのは不公平ではないだろうか？　マーケティングやプロモーション、各映画が公開される劇場の数、等々の要因を考えるとどうなるだろう？

　私はこれらの質問に答えられないが、公開されているデータを使い、グラフ内の各映画について、公開初週末の1劇場当たりの興行収入を計算し、それを2018年のドル価値に換算することはできる。

　これを見て私はうなった。『ジョーズ』が1975年に全米409劇場で公開されるのではなく、2015年に『フォースの覚醒』と同じ数の4134劇場で公開され

図表4-11　1劇場ごとの興行収入トップはジョーズ！

公開初週末の1劇場当たりの興行収入

2018年のドルの価値

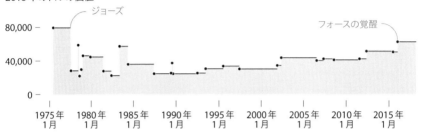

（興行収入の出典：ボックス・オフィス・モジョ）

ていたとしたら？　10倍の数の劇場で公開すると、初週末の興行収入の名目額も、3200万ドルから10倍の3億2000万ドルに膨らんでいただろうか？　それは神のみぞ知る。現代の映画館は1970年代に比べて平均的に収容人数が少ない、ということだってあるかもしれない。疑問だらけだ！

　映画の相対的な成功度合いを測る尺度としては、利益（予算と総興行収入の差）や投資利益率（予算に対する利益の比率）もあるだろう。『アバター』や『アベンジャーズ』『フォースの覚醒』といった映画は非常に儲かったが、制作とプロモーションに多額を要したため、リスクも比較的高かった。

　一部の推計では、昨今は映画制作費と同程度のマーケティング費がかかるケースもある。大ヒット必至と目された2012年の映画『ジョン・カーター』で、ディズニーは政策と宣伝に3億ドル以上を費やしたが、回収できたのはその3分の2だった。

　ずっとリスクの低い映画もある。一部の情報源によると、史上最高の投資利益率を記録した映画は『パラノーマル・アクティビティ』だ。興行収入は2億ドル近いが、制作費はわずか1万5000ドル（マーケティング費は除く）。この映画と『アバター』とでは、どちらがより成功したと言えるのだろう？　それは私たちが選ぶ尺度と、投資リスクに対するリターンをどう評価するかで変わってくる。

　というわけで、グラフの新しいバージョンを作ってみた。各々の映画について、公開初週に、マーケティング費を除く予算を何%回収できたかを計算した。

図表4-12　公開初週の投資利益率

公開初週末に回収できた予算の割合
2018年のドルの価値

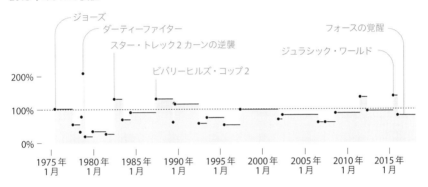

『ジョーズ』は初週に予算を全額回収している。のっけから黒字の映画もある。最も極端な例は、初週に予算の倍の額を稼ぎ出した『ダーティーファイター』で、クリント・イーストウッドがオランウータンのクライドを相棒にする映画だ。そういえば私は子供のころ、この映画が大好きだった。

分母を伏せてだますグラフ

　グラフをデザインするとき、名目値（調整前）と実質値（調整済み）のどちらを用いるほうがよいか？　それは状況による。時には、調整後の数字のほうがずっと意味を持つ。ちょうど今学んだように、興行収入にせよ、ほかの価格や費用、給与にせよ、異なる時代のものを比較するときには、数字を調整しなければ意味がない。分子を理解するには、分母にも注意する必要がある。分母の違うグループ同士を比べるときにはとくにそうだ。

　私が、あるピザの2切れをあなたにあげて、別の人に別のピザの3切れをあ

げたとしよう。私はあなたに意地悪をしていることになるだろうか？　その答えは、各々のピザが何片に切り分けられているかで変わってくる。

図表4-13　どちらがトクか？

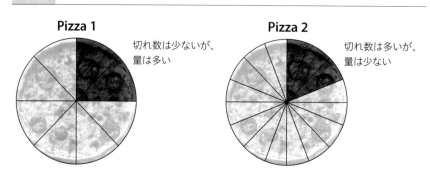

分母を考慮しないと、大変な結果を招くことがある。これは、ジューディア・パール氏が自著 "The Book of Why: The New Science of Cause and Effect"（なぜ、の本：因果の新しい科学）で紹介した架空のデータに着想を得て作った棒グラフだ。

図表4-14　ワクチンは摂取したほうがいいのか悪いのか？（架空のデータ）

パール氏の架空データは、天然痘ワクチンの利用が広がった19世紀に出まわった数字を反映している。当時、ワクチン接種の義務化について、賛成派と反対派が激論を繰り広げていた。反対派は、ワクチンが一部の子どもに副作用を引き起こし、時には死に至らしめることを懸念していた。

　私の作ったグラフはギョッとする（ワクチン接種のせいで死亡した子どものほうが多い！）ものだが、これだけでは、自分の子どもに接種を受けさせるべきかどうかの判断材料として不十分だ。真実を伝えるグラフにするには、分母を含め、ずっと多くのデータを示す必要がある。フローとバブルを使ったこのグラフなら、問題を理解しやすい。

図表4-15　判断材料を提示するとこうなる

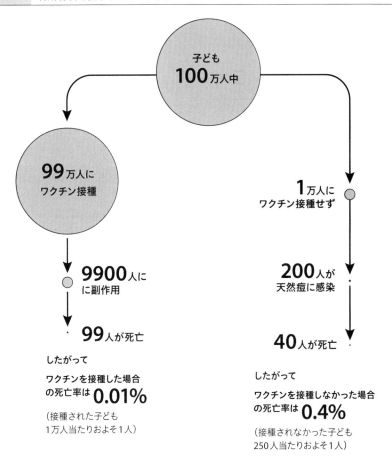

子ども
100万人中

99万人に
ワクチン接種

1万人に
ワクチン接種せず

9900人に
に副作用

200人が
天然痘に感染

99人が死亡

40人が死亡

したがって
**ワクチンを接種した場合
の死亡率は 0.01%**

（接種された子ども
1万人当たりおよそ1人）

したがって
**ワクチンを接種しなかった場合
の死亡率は 0.4%**

（接種されなかった子ども
250人当たりおよそ1人）

　グラフの内容を言葉にしてみよう。架空の子ども人口100万人のうち、99%がワクチン接種を受けた。このうち副作用が出る確率は約1%（100万人中、9900人）。副作用が出た場合に死亡する確率も1%（9900人中、99人）だ。つまり、ワクチン接種が原因で死亡する確率は0.01%にすぎない（99万人中、99人）。

　一方、ワクチン接種を受けなかった場合、天然痘にかかる確率は2%（1万人中、200人）。天然痘にかかると、死に至る確率は20%（200人中、40人）だ。最初のグラフで、ワクチンの副作用が原因で死亡した子どもの数が、天然痘自体が原因で死亡した人数よりずっと多いように見えるのは、単にワクチン接種を受けた人数（99万人）のほうが、受けなかった人数（1万人）より圧倒的に多いからだ。私はこの事実を開示すべきだった。

　それでも、40人と99人の差が大きいように感じるのはわかるが、仮説を立てて考えてみよう。天然痘ワクチンの接種を受けた子どもが1人もいないとしよう。このうち2%が天然痘にかかることがわかっている。人口100万人に対して2万人だ。このうち20%は死に至る。合計4000人だ。アップデートしたグラフはこうなる。

図表4-16　これで比較可能なグラフになった

1800年に天然痘が原因で死亡した幼児の数

警告
架空のデータです

天然痘、もしくはそのワクチンで死亡した子ども　**139**

天然痘ワクチンの接種を1人も受けなかった
場合に死亡するであろう子ども　**4,000**

　139人というのは、ワクチン接種を受けずに天然痘で死亡した子ども40人と、接種を受けて副作用が出た後に死亡した99人を足した数字になる。全員に接種を義務付けた場合と、1人も接種を受けなかった場合が、前よりずっと実態に即して比較できるようになった。

パーセンテージだけではだまされる

　名目値と調整値の両方が意味を持つケースも多いが、その理由はさまざまだ。
"100 People"（https://www.100people.org/）は、公衆衛生に関する多くの指標
をパーセンテージに換算してくれる素晴らしいサイトだ。世界は100人当たり、
25％が子ども、25％が太りすぎ、60％がアジア出身者だ。ここに、楽観的な気
持ちになれる統計がある。

図表4-17　世界人口を100人とするなら……

（Weepeopleのフォントを使用、copyright © 2018 ProPublica and Alberto Cairo）

　データアナリストのエイサン・マブラントニス氏は、これらの数字は別の解
釈も可能だと指摘した。

図表4-18　74億人にしたら……

でも74億人の世界では

74,000,000人が
飢餓に苦しんでいる

（出典：国連の推計値）

より良いのはどちらのグラフだろう？　答えは「どちらでもない」だ。両方に意味がある。飢餓に苦しむ人の割合は比較的小さく、縮小し続けているのも事実だが、1％という数字の裏には、7400万人の人間がいる。これはトルコやドイツの人口よりわずかに少ない数で、米国の人口の4分の1にほぼ等しい。さっきほどグラフが楽観的に見えなくなったのではないだろうか？

パーセントだけでなく、実数も見てみよう

　近年出た何冊かの本が、人類の進歩に明るい光を当てている。ハンス・ロスリング氏他の『FACTFULNESS（ファクトフルネス）：10の思い込みを乗り越え、データを基に世界を正しく見る習慣』（日経BP）と、スティーブン・ピンカー氏の『暴力の人類史』（青土社）には、世界が実はより良い場所になりつつあることを裏付ける統計やグラフが、ずらりと載っている。

　これらの本や、これらの本のデータ引用元となった "Our World in Data"（https://ourworldindata.org/）などのサイトを見ると、2030年までに「貧困をなくし、不平等と闘い、気候変動を終わらせる」ことを目指す国連の「グローバル・ゴールズ」は、まもなく達成できそうに見える。世界銀行のデータに基

図表4-19　劇的に悲劇は減っているかに見えるが……

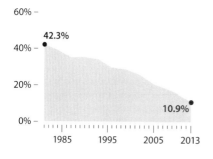

極度の貧困
世界中で1日1.90ドル未満で暮らす人の割合
（2011年のドルの価値）

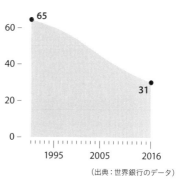

乳児死亡率
生児出生した乳児1000人当たりの死亡人数

（出典：世界銀行のデータ）

づくこのようなグラフは素晴らしいニュースだと、私も信じている。

1981年には、世界で10人のうち約4人が、1日2ドル未満で生き延びなければならなかった。2013年には、これが10人中1人に減っている。1990年、子ども1000人のうち65人が、1歳未満で死亡していた。2017年、その数は31人に減った。

これは、お祝いすべき成功物語だ。国連やユニセフその他多くの機関と、政府および非政府組織（NGO）が協力してどんな取り組みを行っているにせよ、それは効果を上げているようだし、続ける必要がある。

しかし、この種のグラフとデータは、数字の陰に隠れた人間の惨状を、大いにぼかしてしまいかねない。パーセンテージと比率は感情をマヒさせる。2013年の10.9％という数字を見ると小さく感じるが、実は8億人近い人々のことなのだ。

図表4-20　実数は依然として大きい

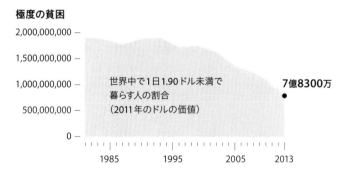

人類の進歩について語るとき、世界人口の10.9％などといったパーセンテージや比率だけを見ると、人はタカをくくってしまうおそれがあると私は思う。統計から人間味が失われるのだ。そう感じるのは私だけではない。『リスク・リテラシーが身につく統計的思考法：初歩からベイズ推定まで』（早川書房）の著作がある心理学者、ゲルト・ギーゲレンツァー氏は、パーセンテージは数

字を、本来の姿に比べて抽象化しすぎると述べている。

　ちょっと実数のほうものぞき、「7億8300万人か！」と確かめてみてはどうだろうか。

　調整値も名目値も、単独で見るだけでは十分ではない。両方合わせて見せられれば、人類が成し遂げた驚異的な進歩も、今なお立ちはだかる驚異的な試練も、より深く理解できるようになる。極貧状態にある8億人近くとは、2016年の米国人口の2.5倍もの人数だ。大勢の人々が苦しんでいる。

ジュリアン・アサンジ氏の数字の嘘

　多くのグラフが、重要な基準値や、相反する事実を隠している。これらを表に出すと、意図したメッセージがくつがえるからだ。たとえば、ウィキリークスの創始者、ジュリアン・アサンジ氏の2017年のツイートを見てほしい。現代社会のせいで先進国では子どもが生まれなくなり、移民への依存が進んでいると批判している。

　　資本主義＋無神論＋フェミニズム＝不妊＝移民流入。
　　EUの出生率＝1.6。人口置換水準＝2.1。メルケル、メイ、マクロン、ジェンティローニは全員子どもがいない。

　アサンジ氏が名指ししたのは、ドイツのアンゲラ・メルケル首相、英国のテリーザ・メイ前首相、フランスのエマニュエル・マクロン大統領、イタリアのジェンティローニ前首相だ。

　アサンジ氏はツイートに、欧州30カ国超のデータの表を添えた。その数字を詰め込んだグラフが**図表4-21**だ。表そのものと同じく混み合っている。

　アサンジ氏はいくつか間違いを犯している。まず、彼は「出生率」と書いているが、用いている数字は合計特殊出生率だ。2つの数値はいくらか関連しているが、同じではない。出生率とは、ある国の人口1000人当たり、1年間に生

図表4-21 アサンジ氏がツイートしたわかりにくい数字

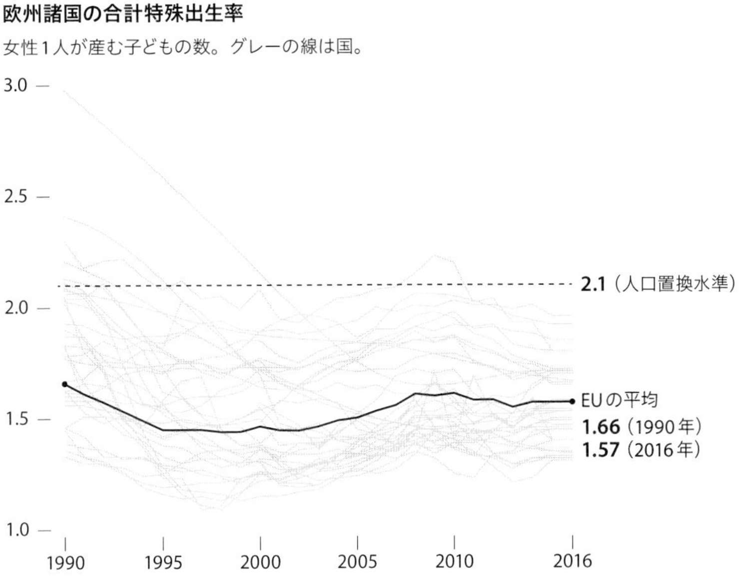
欧州諸国の合計特殊出生率
女性1人が産む子どもの数。グレーの線は国。
3.0
2.5
2.0
1.5
1.0
2.1（人口置換水準）
EUの平均
1.66（1990年）
1.57（2016年）
1990
1995
2000
2005
2010
2016

（出典：世界銀行のデータ）

まれた人数。合計特殊出生率は、やや単純化すると、1人の女性が生涯に産む子どもの数の平均だ。ある国の女性の半分が2人子どもを産み、残り半分が3人産むとすると、合計特殊出生率は2.5人になる。

だがこのミスは見逃して、アサンジ氏が言いたかったのは「合計特殊出生率」だとしよう。彼がツイートと表を使って論じたのは、資本主義で非宗教的で民主的なこれら諸国の合計特殊出生率が1.6人と非常に低いこと、そしてこの率が、人口を長期的に横ばいに保つのに必要な合計特殊出生率の下限、すなわち人口置換水準の2.1人を大幅に下回っているという事実に、これら諸国のリーダーが何か関係があるかもしれない、ということだ。

アサンジ氏の表と、私がそれをグラフ化したものは、相反する2つの特徴を合体させる離れわざを成し遂げている。つまり、少なすぎるデータと多すぎる

データを見せることで嘘をついている。多すぎるデータと言って悪ければ、少なくとも理解を助けるよりは妨げる量のデータだ。

多すぎる情報を少なくして個別に見てみよう

　多すぎる問題のほうから始めよう。数字がぎっしり並んだ表や、この例のように線が重なりすぎているグラフだと、パターンを見極めたり、最初に抱いた意見に反するような個別の事例に的を絞るのが非常に難しい。たとえば、欧州北西部の国々は宗教心が薄く、男女平等意識が強い傾向にあるが、するとやはり合計特殊出生率が劇的に下がっているだろうか？

　1つのグラフに線を詰め込むのではなく、それぞれ別個に表示してみるとしよう（**図表4-22**）。

　デンマークかフィンランドを見てほしい。いずれも1990年以来ほとんど変化しておらず、人口置換水準の2.1にかなり近い水準で推移している。次に、ポーランドやアルバニアなど、もっと宗教心の強い国を見よう。合計特殊出生率の低下がかなり著しい。続いて、人口の過半数がキリスト教徒を名乗るスペインやポルトガルに注目。両国の合計特殊出生率は人口置換水準よりかなり低い。

　そこで私は、こう考える。近年、戦争や大惨事を経験していない国々の合計特殊出生率は、アサンジ氏が示唆するような宗教やフェミニズムではなく、経済や社会構造の安定性を主な要因として変化するのではないのか。

　たとえば、スペイン、イタリア、ポルトガルなど欧州南西部の国々は、歴史的に失業率が高く、給与は低い。人々が子どもをもうけるのを遅らせたり、やめたりするのは、単に養えないのがわかっているからかもしれない。また、アルバニア、ハンガリー、ラトビア、ポーランドなど旧ソ連諸国の一部で、1990年代初頭に合計特殊出生率が急低下したのは、1991年の旧ソ連崩壊と、それに続く資本主義への移行に関係している可能性がある。

　アサンジ氏はツイートで移民流入のことを指摘しているようだ。移民は合計

図表4-22 西側諸国（欧州）の合計特殊出生率は減っている？

欧州諸国の合計特殊出生率　1990 〜 2016 年

人口置換水準（2.1人）と比較　注：これらの国すべてがEUに加盟しているわけではない。

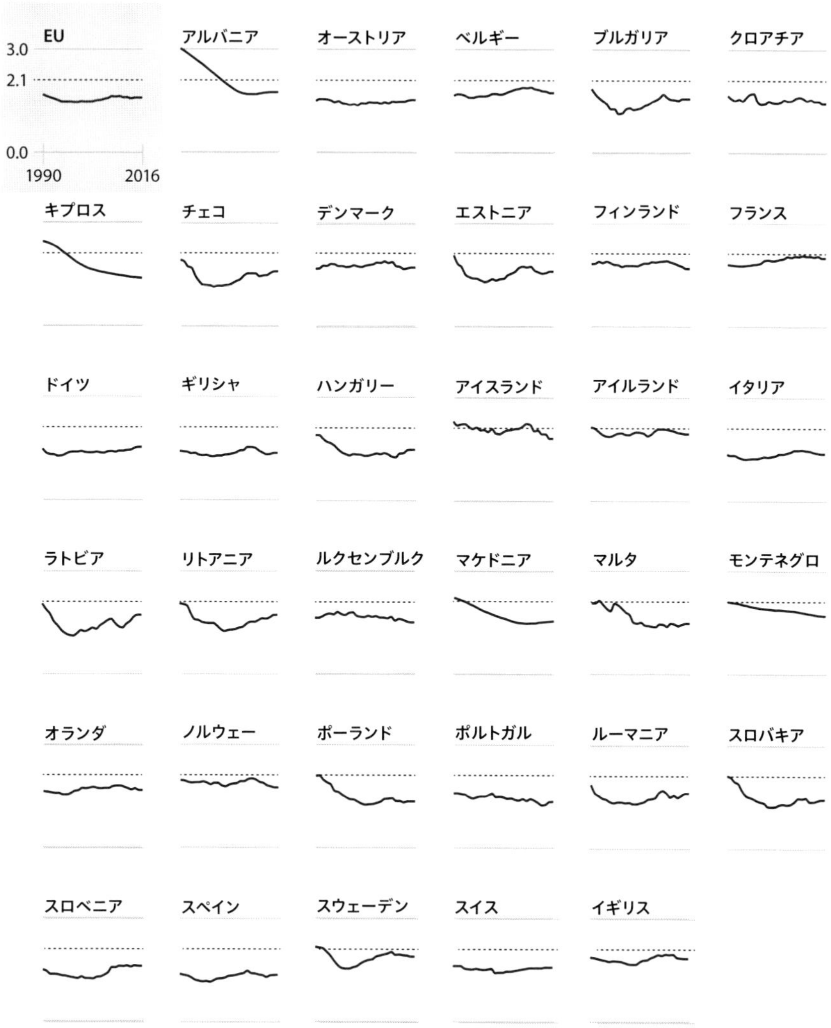

特殊出生率を上昇させたり、高齢化のペースを遅らせたりする効果があるかもしれないが、そう結論付けるにはもっとエビデンスが必要だ。アサンジ氏の表と、それに基づいて私が製作したグラフでは、データもその背景も十分に示せていない。2人ともいいとこ取りをしている。合計特殊出生率は非宗教的な国々だけで低下しているのではなく、宗教的な国々もそうでない国々も一様に、ほぼ世界全体で下がっている。

図表4-23　世界中で合計特殊出生率は下がっている

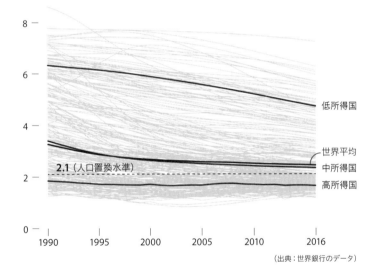

合計特殊出生率
女性1人が産む子どもの数。グレーの線は国。

（出典：世界銀行のデータ）

本当に相関しているのは何か？

　本章の締めくくりとして、名目値（未調整値）と比率（パーセンテージ）ではどちらが良いか、という問題に戻るとしよう。米国で最も肥満の人が多いのは、カリフォルニア州ロサンゼルス郡、イリノイ州クック郡、テキサス州ハリス郡

だと知っていましたか？

図表4-24 肥満人口の地図グラフ（郡ごと）

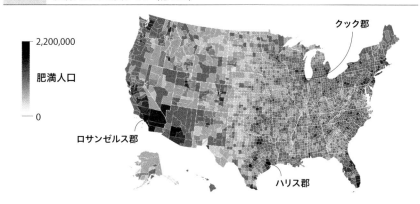

偶然にも、これらの郡は米国で最も貧しい場所でもある。

図表4-25 貧困人口の地図グラフ（郡ごと）

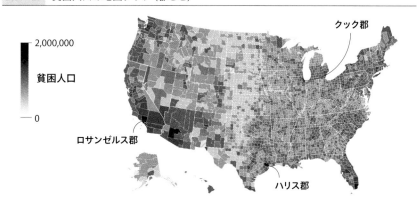

すごい相関——ではない。郡人口の地図を見てほしい。

　人口の地図グラフと２つのグラフはそっくりだ

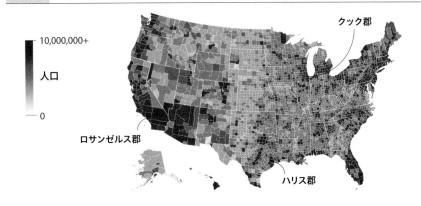

　肥満人口が貧困人口と強く相関しているのは、単純に両方の数字がその地域の人口とも強く相関しているからだ。クック郡にはシカゴ市が、ハリス郡にはヒューストン市がある。数字をパーセンテージに換算した地図グラフがこれだ。

　実数でなくパーセントで地図グラフを描くと……

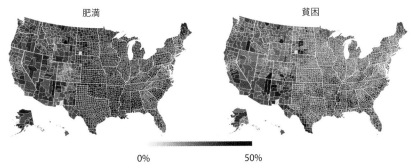

　前と相当変わっていないだろうか？　肥満と貧困の間にはまだ相関がぼんやりと見て取れるが、前のグラフよりずっと弱くなった。また、ロサンゼルスなどの郡は、どう見てもトップ級ではない。ロサンゼルスに貧しい人や太った人

図表4-28 2番目のグラフでは、人口調整後の肥満率、貧困率が見える

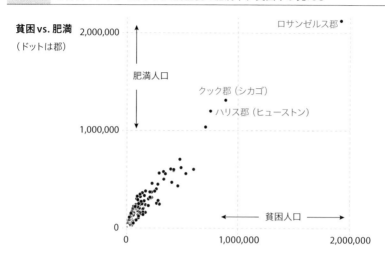

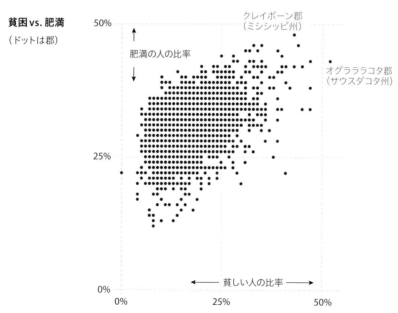

が多いのは、人口そのものが多いからだ。このように色の濃淡や色彩でデータを表す地図を「コロプレス地図」と言う。語源はギリシャ語の khōra (場所) と plēthos (群衆、あるいは数の多さ)。肥満の人や貧しい人の実数ではなくパーセンテージなど、調整後の数値を示すときに本領を発揮する。この図を使って実数を示したのでは、その地域の人口の大きさしか反映できない。

この数字は散布図で視覚化することもできる。**図表4-28** の上のグラフは、人口で調整せずに肥満と貧困の関係を示している。2番目のグラフは、肥満の人のパーセンテージと、貧しい人のパーセンテージの関係を示している。

肥満人口の比率が最も高いのはミシシッピ州クレイボーン郡で、住民9000人の48%。貧困人口の比率が最も高いのはサウスダコタ州オグラララコタ郡で、住民1万3000人の52%だ。ロサンゼルス郡、クック郡、ハリス郡の肥満率は21%ないし27%で、貧困率は17%ないし19%となっている。この3郡は、2番目のグラフの左下の区分に入っている。

これは、未調整値と調整値の両方が意味を持つ事例の一つだろう。ロサンゼルス郡に200万人近い貧困層がいることは事実だ。しかし、郡同士を比べるのが目的であれば、調整後の数字も必要になる。

第 5 章

不確実性を隠してだますグラフ

不完全なエビデンスしかないなら、多くのグラフが必要だ

グラフに嘘をつかせないためには正確さが必要だ。しかし、時には厳密にしすぎて理解を妨げることもある。

データはしばしば不確実であり、その不確実性は開示するべきだ。このことを無視すると誤解を招くことがある。

2017年4月28日の朝、ニューヨーク・タイムズ紙のオピニオン欄を開くと、ブレット・スティーブンス氏によるコラム第1弾が目に入った。彼は人の心をつかむ文章を書く保守系コラムニストで、ニューヨーク・タイムズ紙論説委員の顔ぶれに思想的な幅を持たせるべく、同紙がウォールストリート・ジャーナル紙から引き抜いてきた。

コラム初回の見出しは「完璧に確実という風潮」で、その一節に私はひざを打った。「われわれは、データが権威をまとう世界に生きている。しかし、権威はいつのまにか確信に変わりがちで、確信は尊大さを生む」。残念ながら、このほかの文章にはあまり感心しなかった。コラムを読み進めると、スティーブンス氏は気候変動をめぐる基礎科学の統一見解を、突拍子もない論調で攻撃していた。たとえばこうだ。(傍点は筆者)

IPCC(気候変動に関する政府間パネル)の2014年の報告書を読んだ人であればご存じのとおり、1880年以来、地球が小幅に(摂氏0.85度、華氏にして約1.5度)温暖化し、温暖化に人類が影響を及ぼしたことは紛れもない事実だが、既成事実とされているその他もろもろの大半は、実は確率の問題である。とりわけ、科学者が気候の将来を見通すために作った、洗練はされているが当てにならないモデルやシミュレーションに、そのことが言える。これは科学を否定しているのではない。科学を正直に認めているのだ。

「当てにならないモデルやシミュレーション」の部分については、後ほど取り上げる。まずは、摂氏0.85度という世界気温の上昇が「小幅」だという主張に

的を絞ろう。なんとなく正しそうだ。気温が40℃から40.85℃に上昇したから
といって、さらに暑くなったと感じる人はいないと思う。どちらも体感では、
同じくらい暑いだろう。

　しかし、現代の市民全員が知っておくべきことがあるとすれば、それは、天
気は気候ではない、ということだ。だからこそ、近隣地域が大雪だから気候変
動は事実ではない、などと発言する政治家は、あなたをだましているか、ある
いは小学校程度の科学も知らないのだ。スティーブンス氏が「小幅」だと言う
0.85℃の上昇は、きちんとした歴史的観点に照らすと、小幅どころではない。
次のような良いグラフを見れば、知識に基づいて会話ができる。

図表5-1　1980年以降の変化は小幅かどうか？

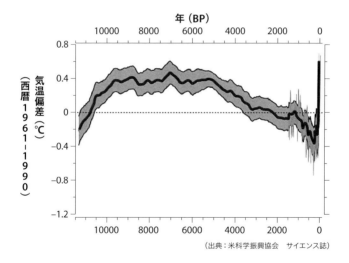

（出典：米科学振興協会　サイエンス誌）

　このグラフの読み方を説明しよう。横軸は年で、右端の現在を0として、左
に行くほど時代をさかのぼっている（BPは「現在より○○年前」の意味）。縦軸
は、気候科学でよく基準に使われる1961年から1990年の平均気温（摂氏）と
の差だ。水平の点線が基準線を示している。したがってプラスの値（基準線よ
り上）も、マイナスの値（基準線より下）もある。

　重要なのは赤い線だ。これは、世界中の研究者やチームがしのぎを削って算出した、数ある過去の推計気温の、基準値との差の平均を示している。その推計値を囲うグレーの帯状の部分は不確実性だ。科学者の言い方だと、「われわれは、各年の気温がグレーの帯の境界線内のどこかに位置していたと合理的に確実視しており、われわれの最良推計値は赤い線である」となる。

　右端の赤い線の背後にある、細いグレーの線は「ホッケースティック」の通称で知られる推計値で、マイケル・E・マン、レイモンド・S・ブラッドレー、マルコルム・K・ヒューズの3氏が編み出した。

　グラフが示しているのは、次のようなことだ。スティーブンス氏の主張に反し、0.85℃の温暖化は「小幅」ではない。縦軸を見よう。人類がここ1世紀で経験した気温の上昇に、過去には数千年を要している。ズームインして過去2000年間にこれほど劇的な気温の変化が起こっていないのを見ると、このことはさらに明確になる。

図表5-2　さらにズームインすると、際立つ変化が見える

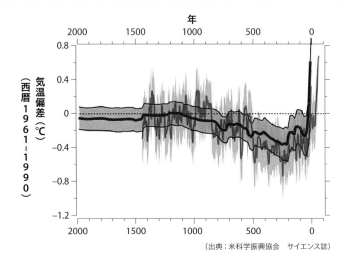

（出典：米科学振興協会　サイエンス誌）

まったく「小幅」ではない。

　スティーブンス氏の2つめの主張、「当てにならないモデルやシミュレーション」はどうだろう？　彼はこう付け加えている。

　科学は完全に確実だと主張することは、科学の精神に反し、気候をめぐる主張の間違いが証明されるたびに疑いの余地を生じさせる。コストの高い公共政策の転換を突如として要求するのには、イデオロギー上の意図があるのではないかと勘ぐらずにいられない。

　抽象的なレベルでは、しごくもっともな助言のように聞こえるが、現実に当てはめるとそうではない。第一に、気候に関するモデルはこれまで、かなり正確だっただけでなく、多くのケースでは楽観的すぎた。

グラフが示す予測シナリオの信頼度は？

　世界は急速に温暖化しており、氷床は溶け、海水が増え、海面の上昇は、南フロリダのような地域が、まもなく住みづらくなるかもしれない域に達している。すでにマイアミビーチ市では、天気のよいときでさえ、以前より洪水が頻発するようになってきた。市はついに、スティーブンス氏が毛嫌いする「コストの高い公共政策の転換」について協議を開始。巨大なウォーターポンプの設置や、道路を高くすることまで検討されている。こうした協議は、リベラルか保守かという「イデオロギー」の科学ではなく、目でじかに確認できる事実に基づいている。
　「コペンハーゲン診断プロジェクト」が出したグラフを見よう。海面上昇について、IPCCが過去に示した予測値と、実際の記録を比べている。

　グレーの帯はIPCCの予測値のレンジだ。科学者は1990年の時点で、海面は2010年までにおよそ1.5ないし6.5センチ上昇する可能性があると予想していた。「当てにならないモデルやシミュレーション」ならぬ衛星の観測により、最も悲観的な予測が正しかったことが確認された。気候モデルが間違っていた

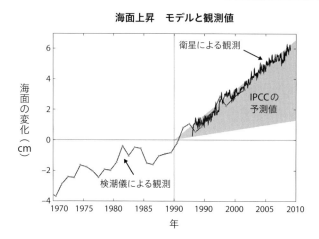

ことは過去にあるだろうか？　もちろんある。科学は絶対的な教義ではない。とはいえ、その多くは冷酷にも正しかった。

　最後に、スティーブンス氏がニューヨーク・タイムズの初回コラムで言い落としている重大な点は、仮にデータやモデル、予測、シミュレーションがきわめて不確実だとしても、それらが例外なく同じ方向を指しているのに変わりはないことだ（不確実性については、気候科学者は常にグラフの中で開示する）。スティーブンス氏が紹介してもよさそうに思えるIPCCの良質なグラフを、最後にもう1つ。

　図表5-4のグラフはいくつかの予測値と、その数値に付随する不確実性の幅を示している。極端に楽観的になりたいなら、入手できる中で最高のエビデンスを見るといい。2100年までの世界気温の上昇は1℃にとどまりそうだ。これでも大幅な上昇だが、もっと悪いシナリオでは2℃以上、上昇する可能性もある。現時点までで温暖化が止まる可能性も残ってはいるが、2℃を大幅に超えて上昇する確率も同じくらいある。その場合、水に覆われていない地球の表面

図表5-4 シナリオごとの幅を示したグラフ

1850-1900年に比べた地球温暖化（℃）

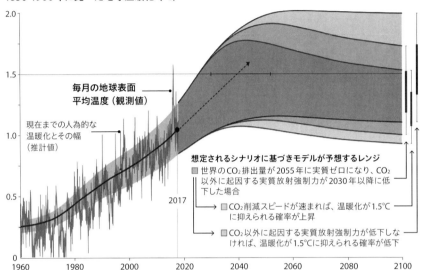

は減り、その減った陸地は今よりずっと居住に適さなくなっているだろう。途方もない規模のハリケーンや壊滅的な干ばつなど、異常気象に見舞われると考えられるからだ。

　ここで、あるたとえが役立ちそうだ。これが気候の予測ではなく、あなたが患っているがんの話で、今後の進行について、全世界の複数のがん専門医グループが計算した確率を示されたのだとしよう。「当てにならないモデル」に基づいているからといって、不完全な（そしてほかにはない）エビデンスを無視するのではなく、直ちに予防措置を講じようとするはずだ。あらゆるモデルは当てにならず、不完全で不確実だが、ばらつきこそあれ、すべてが似通ったシナリオを伝えているなら、モデルへの信頼感は増すはずだ。

　スティーブンス氏の言うコストの高い公共政策の転換を行う価値があるかどうかについて、議論することには大いに賛成だ。だが、そもそも議論を始める

には、グラフを読み、それが示す今後の見通しについて理解しなければならない。良いグラフは、私たちがより賢い判断を下す手助けをしてくれる。

不確実性を含むデータを扱うグラフでは、誤解が生まれやすい

ブレット・スティーブンス氏のコラムはよい注意喚起になる。データを扱うときには必ず、推計や予測がいかに不確実かを考慮に入れたうえで、それに応じて自分の認識を修正すべきかどうか判断しなければならない、ということだ。このような世論調査結果をよく目にすることと思う。

図表5-5 この世論調査からどのような結果が予想できる？

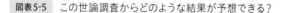

世論調査：
ペンシルベニア州
第18選挙区
下院補欠選挙

（出典：グラビス）

コナー・ラム（民主）	42%
リック・サコーン（共和）	45%
未定	13%

リック・サコーン：＋3パーセント・ポイント

そして次のような最終結果を見て驚いたり、応援している候補者次第では腹を立てたりする。

図表5-6 結果は真逆だった！

結果：
ペンシルベニア州
第18選挙区
下院補欠選挙
2018年3月13日

コナー・ラム（民主）	49.8%
リック・サコーン（共和）	49.6%

コナー・ラム：＋0.2パーセント・ポイント

米下院補欠選挙の世論調査と最終結果だが、これらを比べると、どんなグラフにも2種類の不確実性が潜むことを説明しやすい。1つは簡単に計算できるもので、もう1つは評価するのが難しい。前者から始めよう。これらのグラフ

が見せていないのは、どんな推計にも誤差がつきまとう、ということだ（調査の説明文の中では触れられているが）。

統計における「誤差」は「誤り」と同義ではなく、「不確実性」の類義語だ。誤差が意味するのは、私たちが出すあらゆる推計値は通常、可能な値のレンジの中間地点だということ。「この候補者の得票率は54％でしょう」「この薬は95％の確率で76.4％の人々に効きます」「この出来事が起こる確率は13.2％です」など、記事やグラフではいかにも厳密な数字のように見えるが。

誤差にはさまざまな種類がある。1つは誤差範囲で、世論調査の不確実性を示すのによく使われる。誤差範囲は「信頼区間」の2つの要素の1つ。もう1つは「信頼水準」で、どんなパーセンテージもありうるが、95％か99％のことが多い。アンケート、科学的な観察結果、実験などで、たとえば「推計値は45（45％、45人など、いずれにせよ45）であり、報告されている誤差の範囲は＋／−3、信頼水準は95％」と書いてあれば、科学者や調査会社が言っているのは、次のようなことだと想像してほしい。「われわれは可能な限り厳格な手法を用いた結果、推計した値が42ないし48、つまり45プラスマイナス3であることを95％確信している。これが、われわれの最良の推計である。正しい推計値が得られたとは言い切れないが、今回とまったく同じ厳格な手法を用いて調査を何度も行った場合、推計値は95％の確率で誤差範囲に収まるであろう」

したがって、ある程度の数値的な不確実性を伴うグラフを見たら、常に、次のようなグラフを無理やりにでも心に描いて、最終結果は同じ確率で高くも低くもなりうることを思い起こそう。グラデーションになっている範囲は信頼区間の幅を示しており、このケースでは推計値の＋／−3ポイントだ。

図表5-7　世論調査結果をこうグラフ化してくれれば、ショックは少なかった……

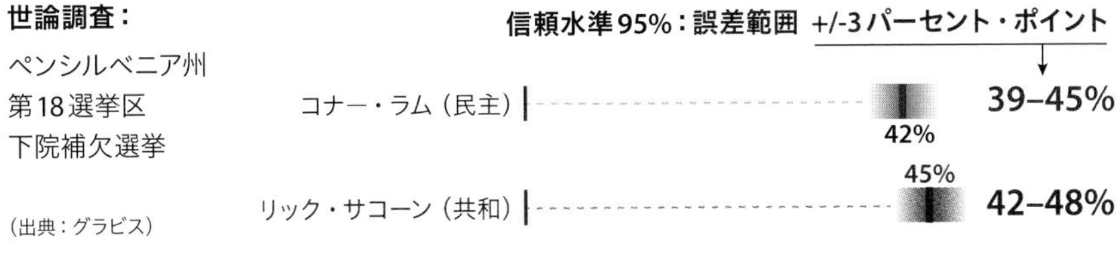

世論調査：
ペンシルベニア州
第18選挙区
下院補欠選挙

（出典：グラビス）

信頼水準95％：誤差範囲 +/-3 パーセント・ポイント

コナー・ラム（民主）｜ - ▓ **39–45%**
42%

45%
リック・サコーン（共和）｜ - ▓ **42–48%**

棒グラフや折れ線グラフなどの最も伝統的なグラフは、誤解を招くことがある。データを符号化した棒や線の縁がクッキリとしていて、非常に正確、厳密に見えるからだ。しかし、私たちは心の中で縁をぼかす訓練をすることにより、デザインの欠陥を克服することができる。推計値同士が近く、不確実性のレンジが重なるような場合には、とくにそうしよう。

最初に示した世論調査のグラフには、2つめの不確実性の発生源がある。調査が実施された時点で心を決めていなかった13%の人々だ。これらのうち、どれだけの割合が最終的にどちらの候補に投票するかは推計しにくいので、ワイルドカードになる。推計できなくはないが、人種や民族構成、所得水準、過去の投票パターンその他、調査対象の集団を取り巻く要因を検討する必要が出てくる。そうなると、またいくつもの推計値が生み出され、それぞれに不確実性が付随する。

このほか、推計が難しい、場合によっては不可能な不確実性の発生源として、データ集計方法が適切か否かということや、調査担当者が計算に盛り込むかもしれないバイアス等々がある。

不確実性を理解できる人は多くないという現実を受け入れよう

不確実性に困惑する人は多い。なぜなら、科学と統計は正確な真実を明るみに出すものだ、という理不尽な期待を抱いているからだ。いや、科学と統計が生み出せるのは、常に変化や更新の可能性がある不完全な推計だけだ（科学理論はしばしば反証される。しかし、理論が証拠によって繰り返し裏付けられたのに、その後でまったくの虚偽だったことが証明されることはまれだ）。友人や同僚が、こう言って会話を打ち切ろうとするのを何度見てきたことか。「データは不確実だ。どんな意見だって、正しいのか間違いなのか、わからないよ」

それは言い過ぎだろう、と私は思う。すべての推計が不確実だという事実は、すべての推計が間違っていることを意味しない。「誤差」が必ずしも「誤り」を意味しないことを思い出そう。

友人の統計学者、ヘザー・クラウス氏は、かつて私に、専門家がデータの不

確実性について語るとき、言い方を変えるだけで人々の見方を変えられると教えてくれた。「これが私の推計値であり、これが推計値を取り巻く不確実性の水準だ」と書く代わりに、「計測したい現実が、この推計値によって計測できていることには相当自信があるが、その現実はこの範囲内で変化するかもしれない」と言ってはどうか、というのが彼女の提案だった。

　単一の調査結果や、特定の科学研究に基づいてものを言うときには、もちろん用心する必要がある。しかし、複数の調査や研究が似たような結論を裏付けているときには、もっと自信を持ってよい。私は政治や選挙についての記事を読むのが好きだが、「単一の調査結果は常にノイズである。しかし、多くの調査の平均には意味があるかもしれない」という呪文を絶えず心の中で唱える。

図表5-8　　この失業率の変化は意味がある変化か?

図表5-9　　実際は真逆のトレンドだった!

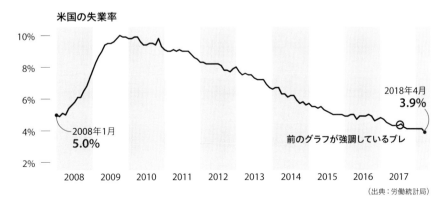

（出典：労働統計局）

失業率や経済成長率などの経済指標について読むときにも、同じ原則を当てはめる。通常、1週間だけ、あるいは1カ月だけ数字が変化しても、注目には値しない。現実は本来ランダムなものだ、というだけのことかもしれない。

ズームアウトすると、トレンドは正反対であることが見えてくる。失業率は2009年と2010年に頭を打ち、その後は下がっている。その過程でちょっとブレが生じているだけだ。全体的な基調は一貫して右肩下がりになっている。

ハリケーンの進路から、不確実性の取り扱い方を学ぼう

グラフに信頼度と不確実性が明記されていてもなお、誤解されることはある。

私は偶然の一致が大好きだ。この章を書いているまさにこの日、2018年5月25日に、国立ハリケーンセンター（NHC）は亜熱帯低気圧「アルベルト」が大西洋で発生し、米国に向かっていると発表した。NHCのプレスリリースを引用したジョークが友達から殺到し始めた。「アルベルト、カリブ海北西部をよろよろと進行中」「今朝のアルベルトはあまり勢いがない」。はいはい、確かに今日はまだコーヒーが足りていない。

私はNHCのサイトを訪れて予報をチェックしてみた。**図表5-10**は、私と同じ名前が付いた暴風雨の進路予報だ。南フロリダに住む私たちは毎年、6月から11月のハリケーン・シーズンになると、新聞やサイト、テレビでこういった地図を目にする。

何年か前、マイアミ大学で気象、気候、環境科学を専門とする友達、ケニー・ブロードとシャラン・マジュンダルに、ほとんどの人がこの地図を読み間違えていることを教えられ、目からうろこが落ちた。私たち3人は今、暴風雨などの予報図の改善に取り組む学際研究グループに属している。座長は同僚のバーバラ・ミレー教授だ。

地図の真ん中にあるコーン状の部分は、通称「不確実性のコーン」。南フロリダでは「死のコーン」と呼びたがる人々もいる。コーンが表しているのは、

図表5-10 メディアでよく目にする進路図

暴風雨の影響を受けるかもしれない地域だと考えているからだ。グラフ上部の説明書きで「コーンは、暴風雨の中心がたどりそうな進路の範囲であり、暴風雨の規模を示しているわけではない。コーンの外側も危険な状態になる可能性はある」と明記してあるにもかかわらず、コーンを見て暴風雨の範囲そのもの、あるいは被害が及ぶ地域を思い描いている。

なかには、コーン最上部の点々の部分を見て、雨を表していると思う人もいる。実際は、4、5日後の暴風雨の中心位置の予想なのに。

　多くの人が間違えてしまうのは、コーンの最上部が半円形に近く、暴風雨の形に似ていることに一因がある。無理もない。ハリケーンや熱帯暴風雨は、暴風雨によって雲が「目」の周りを渦巻くため、円形に近くなりがちだ。不確実性のコーンを見かけたら、私は必ず、次のような絵を思い描いてしまわないように気をつけている。

図表5-11　近づくにつれ発達して大きくなるのではない！

警告　この種の図はこう読め、ということではありません

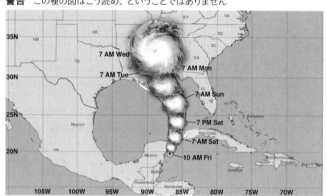

不確実性のコーンをどう読むか？

　不確実性のコーンの地図は、ジャーナリストも誤解することがある。ハリケーン「イルマ」がフロリダに近づいていた2017年9月、私はテレビのプレゼンターがこう話していたのを覚えている。不確実性のコーンはフロリダの西海岸にありますが、マイアミは南東側でコーンの枠から外れているので、危険を逃れたかもしれません。これは危険な読み間違いだ。

　不確実性のコーンを正しく読むにはどうすればよいだろう？　それは思ったより複雑だ。覚えておくべき基本原則は次のとおり。コーンは暴風雨の中心がたどりうる進路の範囲を単純化したもので、最良の予想が真ん中の黒い線で示

されている。不確実性のコーンを見たら、このような図を思い描こう（すべての線は架空のもの）。

図表5-12　「進路がどの赤いラインもとりうる」という意味

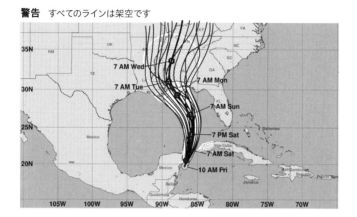

警告　すべてのラインは架空です

コーンのデザインにあたり、NHCの科学者らは、この暴風雨の進路を予想する複数の数学モデルを合成する。**図表5-13**の最初のステップ（1）では、これらのモデルを、架空の線で表した。科学者らは次に、各々のモデルがどの程度信頼できるかを考えたうえで、それに基づいて今後5日間の暴風雨中心部の進路について、独自の予想を出す（2）。

図表5-13　コーンができるまでの5つのステップ

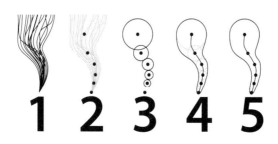

その後、科学者らは予想地点を取り囲む円を描いていくが、円の大きさは日付が進むほど大きくなる（3）。円が示しているのは、NHCが想定する予想地点の不確実性であり、その不確実性は、過去5年間のすべての暴風雨予想の平均誤差から取っている。最後に科学者らは、コンピュータのソフトウエアを使ってそれぞれの円をつなげるカーブを描いていき、（4）そのカーブがコーンの形になる。（5）

よじれたスパゲッティのような地図を描いたとしても、暴風雨がどの地域を見舞う可能性があるかについては、まったくわからないだろう。その情報を得るには、頭の中で、暴風雨そのもののサイズを重ね合わせてみる必要がある。その結果、綿菓子に似た形ができあがる。

図表5-14 綿菓子1つ1つが可能性を示している

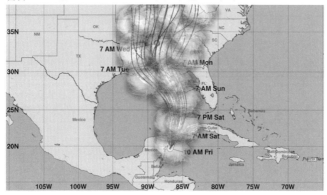

さらには、こうした疑問も持ち上がるかもしれない。「コーンは必ず、暴風雨の実際の進路を網羅しているのだろうか？」言い換えれば、このような暴風雨が移動しているとき、風、海流、気圧の条件が同じであれば、その進路は100％の確率で不確実性のコーンの枠内に収まると、予報士は伝えているのだろうか？

数字について多少知識のある私が想定したのは、そういう状況ではなかった。

私の想定はこんな感じだった。暴風雨の目の進路は95％の確率でコーンの枠内に収まる。そして、中心の線が科学者らの最良の推定である。ただ、時には状態が急変する異常な暴風雨もあり、最終的に目がコーンの枠外にはみ出すかもしれない。

図表5-15 95％こうなる、ということではなかった！

科学やデータ、統計学の教育を受けた人のほとんどは、このように想定するだろう。残念ながら、不正解。過去に熱帯低気圧とハリケーンの進路予想が当たった確率と外れた確率を見ると、コーンは95％の確率で、暴風雨中心部の位置を含むようにはデザインされていないことがわかる。わずか67％なのだ！つまり、アルベルトのような暴風雨が来た場合、3分の1の確率で、目の進路はコーンの東西どちらかにはみ出す可能性がある（**図表5-16**）。

進路を95％の確率でカバーする予想図を作ろうとすれば、コーンの幅はずっと広くなり、**図表5-17**のような感じになりそうだ。

影響を受ける可能性のある地域をより正確に示すため、暴風雨のサイズを重ね合わせると、間違いなく反感を引き起こしそうなものができあがる（**図表**

図表5-16 実は67％でこうなる、が正解でした

お待たせしました これがこの種の図の正しい読み方です。

図表5-17 95％のコーンはこんなに大きくなってしまう！

警告 これは想像上のコーンです

5-18）。「ふーん、暴風雨はどこに進んでもおかしくないってことか。科学者なんて何もわからないんだな！」

　そういうニヒリズムには陥らないようにと、数ページ前に釘を刺しておいた。

図表5-18 綿菓子を重ね合わせると、こんなことに！

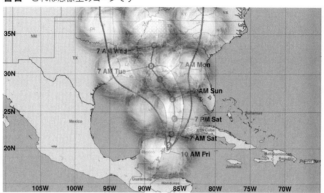

警告 これは想像上のコーンです

科学者にわかることはけっこうある。科学者の予想はかなり正確だし、年を追うごとに正確さを増している。予測モデルは世界最大規模のスーパーコンピュータ上で作動しており、絶えず改善を繰り返している。ただ、完璧ではありえない。

　予報士は常に、自信過剰になるよりは、慎重すぎるほど慎重であろうとする。不確実性のコーンは、正確な読み方を知っていさえすれば、自身や家族、所有物を守る決定を下すのに役立つかもしれない。ただしそれは、NHCが製作しているほかのグラフと併せて見ればの話だ。たとえば、NHCは2017年以降、すべての暴風雨について「重要なメッセージ」を載せた、次のようなページを公表している。

　このページには、予想降水量（インチ）を示す地図（上）と、「熱帯暴風雨並みの風力を持つ風の最速到来時刻」を示す地図（下）が載っており、下の地図には到来する確率自体も表示されている。色が濃いほど確率は高い。

　それぞれの暴風雨の性質に応じて、NHCは「重要なメッセージ」のページに異なる地図を掲載している。たとえば、暴風雨が海岸に接近している場合に

174

図表5-19 国立ハリケーンセンターは毎回、重要なメッセージを発信している

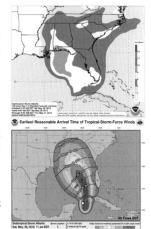

亜熱帯低気圧アルベルトに関する重要なメッセージ

1. 実際の軌道と強度がどうなった場合でも、アルベルトはキューバ西部、フロリダ南部、フロリダキーズに大量の降雨と急激な増水をもたらす見通し。日曜以降、メキシコ湾岸中央部および米南部のほとんどの地域で降雨と氾濫の可能性が高まり、来週に入ってもその状態が続く。

2. 日曜以降、湾岸中央部および東部の一部が、熱帯暴風雨と危険な高潮に見舞われる可能性がある。これはアルベルトの目の軌道よりはるか東の地域も含む。熱帯低気圧と高潮の注意報は事実上、こうした地域の一部を対象としている。注意報の出た地域の住民は、アルベルトの進路予想の詳細にとらわれず、地元政府当局の指針に従うことが望ましい。

3. 危険な高波と離岸流がユカタン半島とキューバ西部の一部を見舞っており、本日午後から夜間にかけて湾岸東部・中央部にも広がる可能性が高い。

さらに詳しい情報を知りたい方はhurricanes.govへ

は、高潮や氾濫が起きる確率を示す地図も載せるかもしれない。NHC が例として提供している架空の地図が**図表5-20**だ（フルカラーで見たほうがよいが）。

　これらの地図は完璧ではない。お気づきかもしれないが、白黒ではうまく再現できないし、一部のカラーパレットやラベルは少し不明瞭だ。しかし、並べてみると、暴風雨が来たときにどう行動すべきかの判断材料としては、不確実性のコーンよりずっと優れている。

　こうした追加的な予測グラフがニュース、とくにテレビで紹介されることはまれだ。理由は定かでないが、ジャーナリストがコーンを好むのは、シンプルで明快、理解しやすいからではないだろうか。理解できたつもりになっているだけなのに。

図表5-20　カラーで見ればコーンよりもわかりやすい、高潮や氾濫の危険性地図グラフ

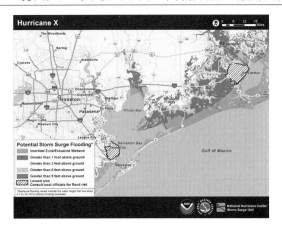

　　不確実性のコーンの地図にこれほど多くの人々がだまされるのは、地図が不確実性を誤って伝えているからではなく、一般大衆に見られることを意識してデータが表示されていないためだ。この地図の想定読者は、訓練を受けた緊急事態管理者や意思決定者などの専門家だ。それなのに、どんな一般市民でもNHCのサイトを訪れて地図を見ることができるし、ニュースメディアも繰り返しこれを使う。思うにコーンの事例は、ある重要な原則を教えてくれている。どんなグラフの成否も、誰がデザインするかだけでなく、誰が読むか、そして読み手のグラフィカシー、つまりグラフに対するリテラシーにかかっている、ということだ。グラフを見て、そこに表れたパターンを解釈できなかったとしたら、そのグラフは私たちを誤解させるだろう。次はその問題に移っていこう。

第6章

誤解を招くパターンでだますグラフ

グラフは正しいが、読み解きが間違うことがある

　良いグラフは、数字の複雑さを解きほぐし、より具体的に、わかりやすくしてくれる、頼りになる存在だ。しかし同時に、グラフが私たちに見せるパターンやトレンドが、怪しかったり、偽物だったり、誤解を招くものだったりする可能性もある。見えるものを深読みしすぎ、たえず自分の既成概念を確かめようとする人間の脳のくせがそこに加わると、とくにそういうことが起こりやすい。

　著名な統計学者のジョン・W・テューキー氏は、かつてこう記した。「画像の最も偉大な価値は、予想もしなかったことに気づかせてくれるところにある」。良いグラフは、ほかでは気づかなかったであろう現実を明らかにしてくれる。

　もっとも、グラフは私たちをだまして、無意味な、あるいは誤解を招く特徴を認識させることもある。たとえば、あなたは、たばこを吸えば吸うほど長生きできるって知っていましたか？　何十年にも及ぶ研究により、喫煙、とくに巻きたばこの危険性を示すエビデンスが出ているはずだが、世界保健機関（WHO）と国連の公開データに基づいてグラフを作ってみたところ、正反対のようだ。

　私が喫煙者なら、このグラフを見て意を強くするだろう。たばこを吸っても寿命は縮まらない！　まさか、その逆ということか！　ただ、私自身がこれを見て思うのは、グラフを読む際によく引っかかる問題の、いくつかを例示しているということだ。すなわち、相関と因果との関係、シンプソンのパラドックス、生態学的誤謬の3つ。1つずつ検証していこう。

　ここに示されたデータは、何も間違っていない。間違っているのは私の説明の仕方、つまり「たばこを吸えば吸うほど長生きできる」だ。グラフの中身を正確に説明することは、きわめて重要だ。このグラフが示しているのは、少なくとも国ごとのレベルでは、たばこの消費量と寿命の間に正の相関がある、と

図表6-1　このグラフから読み取れるたばこと寿命の関係は？

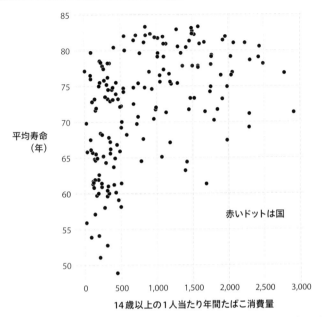

(出典：世界保健機関)

いうことだけ。しかしそれは、喫煙が寿命を伸ばすことを意味しない。

3つの落とし穴

　この例と、これから見ていく別の例を見比べれば、グラフ読解の基本ルールを胸に刻むことができる。

　グラフが見せているのは見せていることだけ、それ以外は何も示していない。

　第1章で説明したとおり、「相関は因果関係と等しくない」という、基礎統計学の授業で繰り返される古いフレーズがある。相関が通常、現象間の因果関係を発見していく最初の手掛かりになるのは事実だが、この古典的な格言には否定しようのない知恵がある。今回の事例にも当てはまる。というのも、たば

180

こ消費量と寿命の両方に影響するかもしれない他の要因を、私が見落としている可能性があるからだ。

たとえば、所得はどうだろう。裕福な国の人々は通常、より良い食事や医療を得られるうえ、暴力や戦争の犠牲になりにくいので、比較的長生きする。しかも、たばこをより多く買えるだけの所得がある。所得は、私が作ったグラフにおける交絡因子かもしれない。（訳注：交絡因子は、たばこ消費量と寿命など、両方の変数に関係する要因）

先述した2番目と3番目の問題、シンプソンのパラドックスと生態学的誤謬は、互いに関係している。生態学的誤謬は、属する集団の性質をもとに、個々のことを知ろうとするところから生じる。前に、私はスペイン生まれなのに、人が思い描く平均的でステレオタイプのスペイン人男性とはほど遠いと書いたが、そのような事例だ。

ある国の国民がたばこを多く吸い、かつ長生きしているという事実は、あな

図表6-2　所得を加味して色分けして描いた散布図

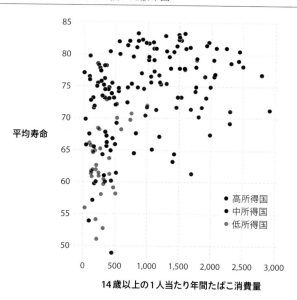

た、あるいは私がヘビースモーカーでも長生きできることを意味しない。個人と集団というようにレベルの異なる分析には、異なるデータ群が必要なことがある。私が集団——この場合は国々——を調査するためにデータを集計したのだとすれば、より小さな集団、つまり地方や都市、あるいはそれらの場所に住む個々人について分析する必要があるとき、そのデータの使い道は非常に限定される。

　そこでシンプソンのパラドックスが登場する。特定のパターンやトレンドは、データの合計の仕方や、部分集合への分け方次第でしばしば消滅するし、逆転することさえある、という事実に基づくパラドックスだ。

　最初のグラフの交絡因子が所得だと仮定し、高所得国、中所得国、低所得国に色分けしてグラフを作り直してみよう（**図表6-2**）。

　このグラフはごちゃごちゃして見える。異なる所得グループの国々が重なりすぎているからだ。では、所得水準ごとに国々を切り離してみよう（**図表6-3**）。

図表6-3　所得ごとにグラフを分けて描いた散布図

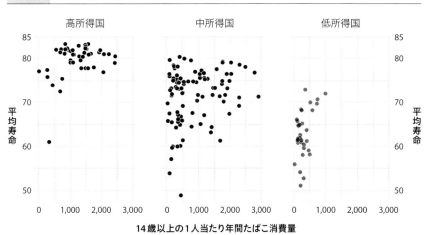

たばこ消費量と寿命の間の正の相関が、前ほど強く見えなくなったのではな

いだろうか？　貧しい国々の寿命には大きなばらつきがある（縦軸）が、たばこの消費量は平均的に少なめだ。中所得国は寿命もたばこ消費量も大きくばらつき、また両者の相関は弱い。高所得国は概して寿命が長い傾向にある（縦軸の上部に位置している）が、たばこの消費量（横軸）は散らばっている。つまり、消費量が多い国もあれば、少ない国もある。

　世界の地域別にデータをさらに細かく分割すると、ますますぼんやりとした図になる。前は喫煙と寿命の間に見られた強い正の相関が、まったく存在しないとは言わないまでも、非常に弱くなったようだ。

図表6-4　地域ごとにグラフを分けて描いた散布図

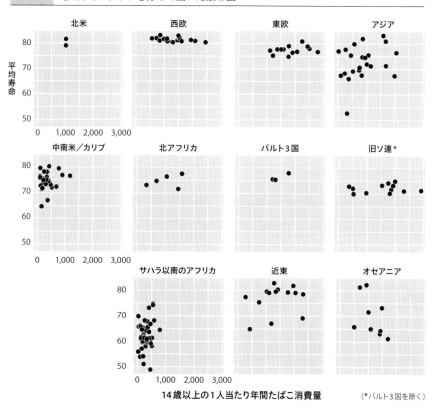

14歳以上の1人当たり年間たばこ消費量　　(*バルト3国を除く)

　それぞれの国を、地方、州、市、町村、最終的には個々人へと、構成部分に
沿ってどんどん分割すると、相関はさらに薄れていくだろう。再分割するたび
にたばこ消費量と寿命の相関は薄れ、ついには負の相関になる。個々人のデー
タを見ると、喫煙が寿命にマイナスの影響を及ぼしているのに気づく。

　さまざまな出典に基づく次のグラフは、40歳以上の人々の生存率を比較し
ている。喫煙の経験がないか、何年も前に禁煙した人々の約50%が80歳にな
っても生きているが、喫煙者で80歳まで生きている割合は25%強にとどまっ
ていることに着目しよう。複数の研究によると、喫煙者の寿命は約7年短くな
ることがわかっている（生存時間に関するこの種のグラフは、カプランマイヤー・
プロットと呼ばれる）。

図表6-5　パラドックスを取り除いた結果のグラフ

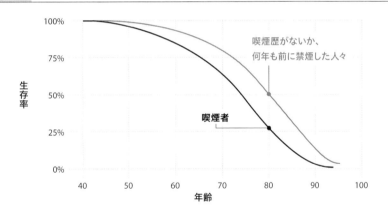

レベルが違うことで誤解を生むグラフ

　データ集計レベルの違いがもたらすパラドックスは枚挙にいとまがなく、人
に誤った推論をさせることがある。名著、『進化のなぜを解明する』（日経BP）
の著者で生物学教授のジェリー・コイン氏による同名のウェブサイトには、信
仰心と、幸福度および厚生に関する各種指標との、逆相関について論じるブロ

グ記事がいくつかある。

　これらの地図と散布図は、宗教が自分の生活にとって重要だと答えた人の、
国ごとの割合（2009年のギャラップ調査による）と、それらの国々の幸福度指数

図表6-6　信仰心が厚いと幸福度は低い？

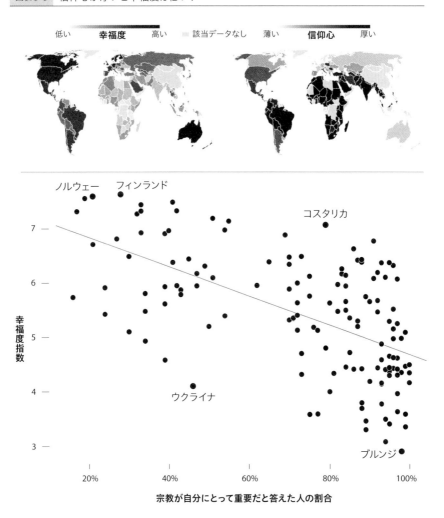

幸福度指数

宗教が自分にとって重要だと答えた人の割合

（国連が「世界幸福度報告」向けに算出した指数）との関係をまとめたものだ。

　2つの変数の間の関係は比較的弱く、負の相関になっている。全般に、信仰心の厚い国ほど人々の幸福度は低い傾向にある。この関係は一見してわかるが、例外もたくさんある。たとえば、ウクライナはあまり敬虔ではないが、幸福度指数の点数は低い。そしてコスタリカの人々はとても幸福だが、信仰心も厚い。

　幸福度指数は、平等性および厚生と正の相関関係にある。平等性が強く、国民がしっかり栄養を取って健康な国々は、幸福な傾向にある。平等性と幸福度は正の相関関係にあるが、平等性と幸福度はどちらも、信仰心と負の相関関係にある。つまり、不平等であるほど、その国の幸福度は低く、また生活の中で宗教が重要だと答える人々の割合が大きい傾向にある。

　信仰心と、幸福度および厚生の指標との逆相関は、データをもう少し分割して、地方レベルで見ても残っている。ギャラップのデータを使うと、米国の各州について、非常に信仰心が厚いと答えた人の割合と、厚生および人生への満足度を包括的に示すスコアを比べることができる。このスコアは、手頃な健康保険へのアクセス、食事の質、運動量、コミュニティ感覚、社会貢献などの要因を計測して出す指標だ。

　ここでも散布図につきものの例外がある。ウェストバージニア州は厚生のスコアが非常に低いが、信仰心の分布では中間付近に位置する。ユタ州はいずれの数値も高い。

　熱心な無神論者は、これらのグラフから拙速に結論を導き出すかもしれない。信仰を持つと生活が困窮する、あるいは信仰を捨てると豊かになる、という意味だろうか？　さらには、私個人が信仰を捨てたり、無神論者になったりすれば、もっと幸せになるということだろうか？　もちろん違う。グラフを上手に読むための、もう一つのルールを明記しておこう。

　グラフを深読みしない。とくに、自分が読みたいように読んでいるときには・・・要注意。

　第一、これらのグラフは、信仰心の度合いが幸福度および厚生と逆相関して

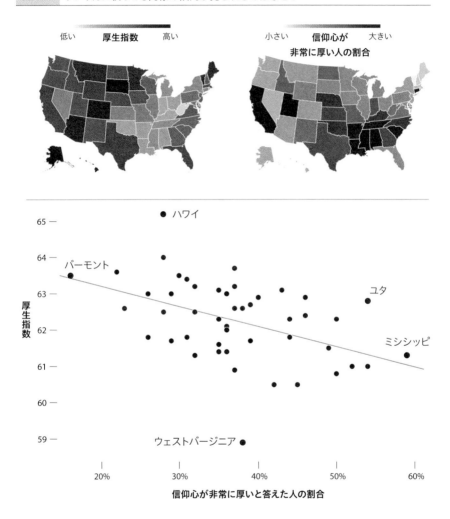

図表6-7　アメリカに絞っても同様の傾向が見られるのはなぜ？

いることを示してはいるが、敬虔になると、その結果として生活が困窮すると
は言っていない。実際には、これは逆の因果関係に当たるかもしれない。つま
り、生活の苦しさが薄れると、その国の信仰心も薄れていく可能性がある。

アイオワ大学のフレデリック・ソルト教授の研究によると、さまざまな国で不平等性の度合いが年々変化していくにつれ、信仰心も変化した。この現象は、その国の個々人の所得水準とは無関係に起こった。つまり、貧しい者も富む者も同様に、社会が不平等になると信仰心が増した。ソルト氏によると、裕福で権力のある人々は、宗教を理由に社会階層を正当化できるために宗教を重視するようになり、一方で貧しい人々にとっては、宗教が慰めと帰属意識をもたらしてくれる。

なぜ信仰心と幸福度が逆相関の関係にあり、データを個人レベルまで分割していくと今度は正の相関に転じるのかが、これでわかりやすくなった。社会が不安定かつ不平等で、敬虔な人のほうが高い幸福感を得ている所では、とくにこの傾向が強い。

極端なケースを想定してみよう。戦争と制度腐敗によって荒廃した貧国にあなたが住んでいるとしたら、生きる意味、慰め、コミュニティ、安定の源として、組織的宗教にすがるかもしれない。幸せだがあまり宗教的ではないかもしれない平均的なノルウェー人やフィンランド人と自分を比べ、宗教を捨てれば幸せになれそうだ、とは言えない。

生活環境があまりにも違う。裕福で平等、安全な場所に住む個人にとって、信仰を持っているかどうかは、幸福度に目立った影響を及ぼさないかもしれない。社会が医療や良い教育、安全、帰属意識を提供してくれるからだ。

しかし、宗教のあるなしは大きな違いをもたらす。不安定な場所では平均的に、貧しく敬虔なほうが、貧しく無宗教であるより良いかもしれない。

ということで、この章で取り上げてきた例をもとに、グラフ読解のもう一つのルールを確認させてほしい。

考慮するレベルが違えば、データ集計のレベルも変える必要があるかもしれない。

つまり、国や地域ごとに信仰心と幸福の関係について知ることが目的であれば、それらの国や地域の集計データを比較するグラフを作るべきだ。個人について知ることが目的なら、国レベル、地域レベルのグラフはふさわしくない。

人々同士を比べるグラフとすべきだ。

なぜ自分の利益のために行動しないのか？

　自分が前々から考えていることを裏付けてくれるグラフを見て、結論を早まるというのは、誰が患ってもおかしくない普遍的な病だ。大統領選が行われるたびに、左派の友人たちは決まって首を傾げている。セーフティーネットに強く頼っている貧しい地域の人のほうが、セーフティーネットを弱めると約束する候補に投票しがちなのはなぜだろう。

　この現象は、「カンザスはいったいどうしたの？」パラドックスと呼べるだろう。ジャーナリストで歴史家のトーマス・フランク氏が執筆して人気となった、2004年の本の題名にちなんでいる。この本が主として論じているのは、宗教、中絶、ゲイの権利、政治的正当性など、候補者の文化的価値観に共感するあまり、自らの利益に反する候補者を支持する有権者がいる、ということだ。私の友人たちを唖然とさせるのは、このようなグラフだ。

図表6-8　貧しい郡の人たちが、民主党に投票していない？

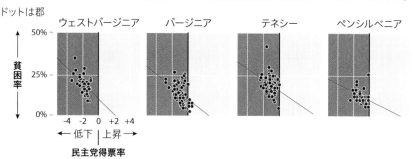

2012年大統領選から2016年大統領選にかけての民主党得票率の変化（パーセント・ポイント）

　このグラフは、フランク氏の主張を裏付けているように見える。貧しい郡（赤い点が上のほうにある郡）ほど、2012年に比べ2016年の米大統領選のほうが、

民主党が大きく票を減らしている（赤い点が左に寄っている）。

　そうしたパターンは紛れもなく存在するが、それは本当にウェストバージニア州やテネシー州に住む貧しい人々が、「自らの利益に反する投票行動をとっている」ことを告げているのだろうか？　おそらく違う。そもそも、そうした非難は短絡的に過ぎる。

　私たちは、自分自身の経済的利益のみに基づいて、誰に投票するかを決めるわけではない。私は、わが家のような家族の税率を引き上げると提案している候補に投票したことが何度もある。それに有権者は、候補者の価値観も気にかけるものだ。私は移民や外国人への憎悪をほのめかす候補には、けっして投票しない。いくら彼、彼女の経済政策に同意しても、それは変わらない。

　だが、ここはグラフに集中するとして、有権者が考慮するのは自分の経済的利益だけだと想定してみよう。それでも情勢がよくなるわけではない。なぜなら、グラフが示しているのは、貧しい人々が民主党から離れたという事実ではないからだ。示しているのは、貧しい郡が民主党離れを起こしたということであり、それとこれとは別の話だ。米国の選挙の投票率は通常低く、経済的地位が下がるほど低くなる。プロパブリカの政府専門記者、アレック・マクギリス氏はこう記している。

　　民主党が保証するセーフティーネットに最も大きく頼る人々は、概して、自らの利益に反した投票行動をとって共和党の政治家を選んだりはしていない。彼ら、彼女らは投票に行かないだけのことだ。（中略）これらのコミュニティに住み、共和党に投票する割合が増えている層の経済的地位は、もう1、2段階高い。保安官代理とか、教師、道路建設現場の労働者、モーテルの受付係、ガソリンスタンドのオーナー、炭坑作業員などだ。そして共和党への忠誠心が高まっているのは、自分より経済的地位の低い人々がセーフティーネットへの依存を強めているように思い、それに反発している側面がある。わが街の没落ぶりを最も顕著に示す兆候に感じられるからだ。

あらゆるグラフは単純化することで何かを隠している

　集合データと個々のデータの違いについて考えることは、グラフがどのように人の認識を歪ませるのかを理解するうえで欠かせない。次のグラフに表れたパターンを見てみよう。アワ・ワールド・イン・データという、画像好きにとっては宝庫と言えるウェブサイトから取ったものだ。

図表6-9　アメリカでは、医療費をかけても寿命は延びない？

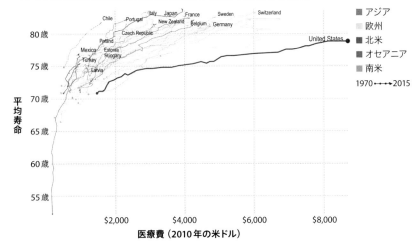

（出典：世界銀行の世界開発指標＝WDI、OECD の2017年医療費統計、
OurWorldinData.org/the-link-between-life-expectancy-and-health-spending-us-focus）CC BY-SA

　これは接続散布図だ。こうした図の読み方については第1章で学んだが、復習しよう。各々の線は国に対応しており、左から右へ、下から上へと蛇行すると想像してほしい。米国の線に注目。左端の起点の位置は、1970年の平均寿命（縦軸）と、インフレを調整しドルに換算した1人当たりの医療費（横軸）

に対応している。右端の終点は、2015年の同じ変数に対応している。この点は起点よりも高く、右寄りの位置にあり、平均寿命と医療費の数値がともに、1970年に比べて2015年のほうが上昇していることを意味している。

　グラフを見てわかるのは、ほとんどの国で1970年から2015年にかけて、平均寿命と医療費が似たようなペースで伸びていることだ。

　例外は米国で、平均寿命はさほど伸びていないが、1人当たりの医療費は急増している。このグラフを使って、より良いグラフ読解のためのルールをもう一つ紹介できる。

どんなグラフも現実を単純化したものであり、見せているものと同じくらい隠しているものも多い。

　したがって、常に自問してみる価値はある。グラフに示されているデータの裏側に、ほかにどんなパターンやトレンドが隠れているのだろう？　ここに示された国全体のトレンドの周辺に、ほかのバリエーションがあるかもしれない。

　たとえば米国の医療費は、所得や住んでいる場所によって大きく異なるし、平均寿命もそうだ。ワシントン大学の研究者らが2017年に行った調査によると、「コロラド州中心部にある特定の裕福な郡の住民は、平均寿命が87歳と米国で最も長い（スイスやドイツの平均よりずっと長い）のに対し、ノース・ダコタ州やサウス・ダコタ州の一部の郡、特に先住民居留地がある郡の平均寿命は66歳と、ずっと短い」。これは20歳以上の差だ。私の推測では、国民皆保険制度が整った高所得国では、地域による医療費と平均寿命の差がここまで大きくないのではないだろうか。

国民皆保険制度を擁護する人の言い分

　2010年3月23日、オバマ大統領は医療保険制度改革法（オバマケア）に署名し、法が成立した。同法をめぐっては、最初に提案されて以来、私がこれを書いている2018年夏に至るまで、激論が交わされてきた。争点は「景気に良い影響をもたらすのか」「費用は本当に手頃なのか」「別の政権がこの法律を弱めようとしても存続できるのか」「雇用は増えるのか、それとも雇い主が採用

を渋るようになるのか」といったところだ。

　いまだに答えは出ていないが、一部のコメンテーターは次のようなグラフを使い、共和党がいつも言っているのとは反対に、オバマケアは労働市場に非常に良い影響をもたらしている、と主張してきた。経済危機の間は雇用者数が減少していたのに、2010年前後から持ち直していることに着目しよう。そして、グラフの転換点に近い時期に何が起こったのかを見てほしい。

図表6-10　この時期には、オバマケア以外に何が起こった？

雇用者数：非農業部門雇用者数（単位：100万人）

（出典：労働統計局）

　誰かがグラフを使って私たちを説得しようとしたら、自問してみるといい。**このグラフのパターンやトレンドは、それだけで作者の主張を裏付けるのに十分だろうか？**

　この事例では、答えはノーだと思う。第一の理由は、今しがた学んだように、グラフが見せているのは見せていることだけで、それ以外は何も示していないからだ。このグラフが見せているのは、ほぼ同じ時点に2つの出来事が起こったということだけだ。オバマケアの成立と、雇用者数のカーブの転換。しかしこのグラフは、一方の出来事が他方の出来事の原因になったとは言っていないし、影響を与えたとすら言っていない。そう類推しているのはあなたの脳だ。

　第二の理由は、この数カ月間に起きたほかの出来事が、労働市場の回復に影

響したと考えられることだ。2007-08年の金融危機に対応し、オバマ大統領が
打ち出した景気対策「米国再生・再投資法」は、2009年2月に成立した。これ
によって経済に投入された数十億ドルが数カ月後に効果を発揮し、企業に採用
を再開するよう促したとしても何らおかしくない。

　実際に起こったのとは別のケース、つまり「反事実」を想定してみることも
できる。オバマケアが議会で否決され、廃案になっていたと仮定してみよう。
雇用者数のカーブはどう変わるだろう？　同じだろうか？　雇用の回復ペース
は遅くなるか（オバマケアが導入されると雇用創出が容易になるため）、それとも
速まるのか（オバマケアが導入されると、企業は医療費負担を警戒して採用を控え
るため）？

図表6-11　オバマケアがなかったらどうなっていた？

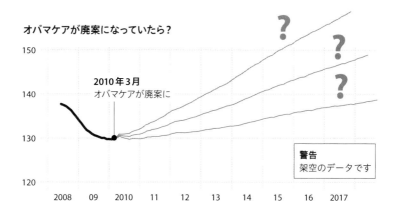

　それはわからない。元のグラフは、オバマケアが労働市場に何らかの影響を
及ぼしたかどうかについて、何も伝えていない。このグラフ単独では、オバマ
ケアの擁護にも批判にも役立たない。

トランプ擁護派のグラフ

　右派の人々が、これに似たグラフを不適切な形で利用しているのを見たこともある。トランプ大統領は就任後の数年間、ことあるごとに自分が大統領になるまでの労働市場は「悲惨」だったが、就任したとたんに持ち直したと主張していた。都合のいいところで横軸を切ったグラフを使って。

図表6-12　トランプ大統領就任から労働市場は改善した？

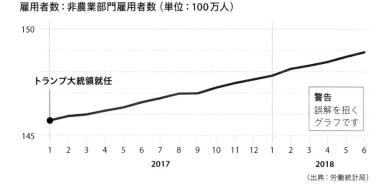

雇用者数：非農業部門雇用者数（単位：100万人）

（出典：労働統計局）

　しかし、時間をさかのぼり、その中でトランプ氏が大統領に就任した時点に印を付けてみると、線の軌道と勾配が目に見えて変化していないことがわかる。2010年には雇用回復が始まっていた。トランプ氏が誇れることがあるとすれば、既存のトレンドが続いていることだろう。

　トランプ氏は2017年10月のツイッターで、ダウ工業株30種平均指数について自慢した。2016年11月の大統領選まで横ばいだったのに、その直後から上昇したことを示す**図表6-14**のグラフに「ワオー！」とだけ添えて。

　このグラフの欠点はすぐにわかるだろう。ダウ平均も、雇用者数と似たパターンをたどっている。2009年からほぼ一貫して上昇。高原状態のときや、

図表6-13　時間をさかのぼるとたいしたことはなかった……

雇用者数：非農業部門雇用者数（単位：100万人）

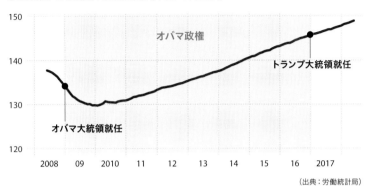

（出典：労働統計局）

図表6-14　株式市場はトランプ大統領を支持している？

ダウ工業株30種平均指数

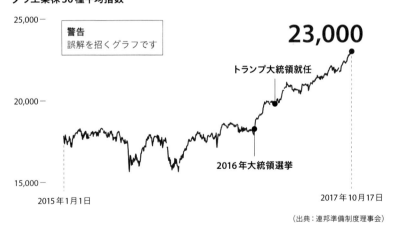

（出典：連邦準備制度理事会）

2016年にトランプ氏が大統領選に勝利した直後の「トランプ・バンプ」を含めた凸凹（バンプ）はあるが、方向は変わっていない。

図表6-15　さかのぼると、やはり……

ダウ工業株30種平均指数

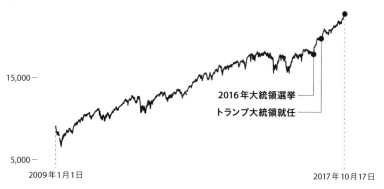

25,000 —

15,000 —

5,000 —

2009年1月1日

2016年大統領選挙
トランプ大統領就任

2017年10月17日

信奉しているものを示すグラフに注意

　大切に育んだ考えであるほど、それを裏付けてくれるグラフへの愛も大きくなる。そのグラフがどんなに単純すぎるものであったとしても。次の左側のグラフは、天地創造説の信奉者の間で非常に人気を博した。

　一般に「カンブリア爆発」として知られる時期の前後に、動物の「属」の種類が突如として増えたことを示しているからだ（属とは『種』のグループ。たとえばイヌ属にはオオカミ、ジャッカル、イヌなどが含まれる）。このグラフは通常、比較のためにダーウィンの「生命の樹」を理想化した右の図とペアで紹介される。生命の樹は、少しずつ新たな属に枝分かれしていくとされる、進化の様子を示すものだ。

　左側のグラフは、カンブリア紀に突如として新種の動物たちが出現した形になっている。生物学者にとって、このカンブリア「爆発」は1世紀以上にわたって謎だった。ダーウィン自身、著書『種の起源』で当惑ぶりを明らかにしている。化石記録がそろわないこと、特に先カンブリア時代の化石の乏しさが、

図表6-16 カンブリア爆発には特別な意味があった？

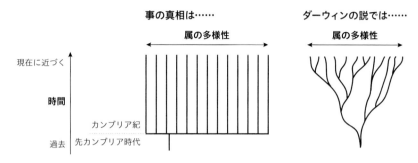

急激な生物の多様化を裏付けていたからだ。

　天地創造説の信奉者らは、こう主張した。「地質時代のある瞬間に、複雑な生物が完全な形で初めて地球上に出現しており、進化論上の原種がいたという証拠は一切ない。この注目すべき生命の爆発は（中略）設計主による特別な創造だったと解釈するのが最も妥当である」

　しかし「爆発」という言葉も、天地創造説の信奉者らが振りかざすこのグラフも、ミスリーディングだ。ダーウィンの時代よりもずっと不足のない化石記録を手に入れた現在の科学者たちは、「カンブリア多様化」という言葉遣いを好むようになっている。カンブリア紀に多くの新たな属が出現したのは確かだが、突然の出現とはほど遠い。カンブリア紀は今から5億4500万年前から4億9000万年前まで、5000万年以上も続いた。爆発と言うには膨大な量の時間だ。

　この不都合な真実に気づいたスティーブン・C・マイヤー氏など一部の天地創造説派は、このグラフに固執しつつ、「爆発」の時期を5億2100万年前から5億1400万年前までのカンブリア紀第3ステージ（アトダバニアン）に狭めた。属がさらに大きく多様化したのはこのステージだ。

　マイヤー氏は著書でこう記している。「新たな情報は知性からしか生まれない。したがってカンブリア紀に起こった遺伝情報の噴出は、生物が自然淘汰の

ようなむやみで当てのない過程ではなく、インテリジェント・デザイン（知性による設計）の産物であることを示す、揺るがぬ証拠である」

　700万年でも「噴出」と言うにはずいぶん長い時間だが、──ホモ・サピエンスが誕生してまだ30万年程度──問題はそれだけではない。オキシデンタル大学の古代生物学者で『11の化石・生命誕生を語る［古生代］（化石が語る生命の歴史）』（築地書館）の著者、ドナルド・R・プロセロ氏は、先カンブリア時代とカンブリア紀についてずっと詳細なグラフを選び、次のように説明している。

　　生物多様化の全体像については、いくつもの別個の段階を経たことが今はわかっている。35億年前の単純なバクテリアの化石に始まり、7億年前の最初の多細胞生物（エディアカラ動物相）、そして5億4500万年前のカンブリア紀の初め（ネマキット・ダルディニアンおよびトモシアン）には硬骨格化石の最初の証拠（「小さな殻」のニックネームを持つ小規模な殻の微小な断片）が出現し、次にカンブリア紀第3ステージ（5億2000万年前のアトダバニアン）になると、三葉虫など、硬い殻を持つより大きな動物の化石が初めて出てくる。

　図表6-17のグラフを見てみよう。右側の棒は属の多様性を表している。棒の長さは急にではなく、徐々に伸びている。そして、ボトミアン期末の大量絶滅で終わる継続的な増殖パターンは、カンブリア紀のずっと前から始まっており、「複雑な生物が完全な形で初めて地球上に出現しており、進化論上の原種がいたという証拠は一切ない」という主張を反証している。「インテリジェント・デザイナー」の存在を信じるのは自由だが、現実を無視してはいけない。

疑似相関という楽しい誤解

　ここまで**読んでくる**と、ある程度までならグラフに思いどおりのことを語らせられることが、はっきりしたはずだ。デザインの仕方や盛り込むデータの量、

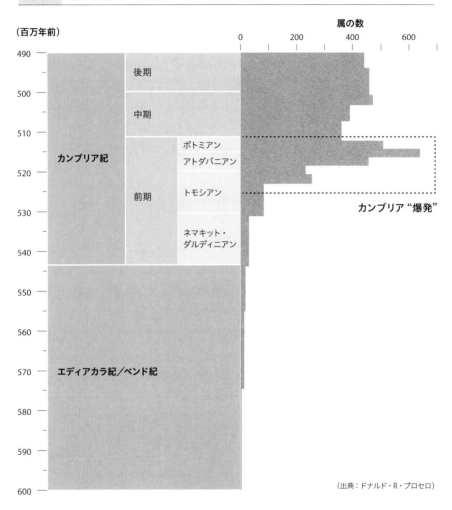

図表6-17　種の増殖パターンはカンブリア紀のずっと前から始まっていた

（出典：ドナルド・R・プロセロ）

さらに重要なこととして、そこに表れたパターンの解釈を操作することで、そ
れが可能になる。「疑似相関」というタイトルの爆笑ウェブサイトに掲載され
た2つのグラフを読解してみよう。著者はタイラー・ヴィゲン氏で、サイト名

と同名の本も出している。

図表6-18 疑似相関の例

プールで溺れ死んだ人の数とニコラス・ケイジ出演映画の本数の相関

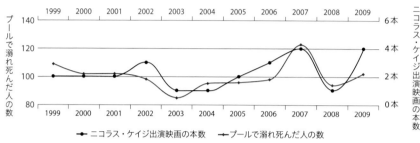

（出典：tylervigen.com）

米国の科学・宇宙・技術支出と首吊り自殺件数の相関

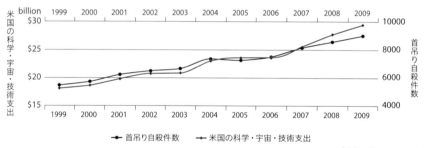

（出典：tylervigen.com）

　ヴィゲン氏のサイトを初めて訪れたとき、キャッチーさには劣るものの、「疑似因果関係」のほうがサイト名としてふさわしそうに思えた。なぜなら、ニコラス・ケイジが出た映画の本数と、プールで溺れ死んだ人の数は、確かに同じ動きを示しているからだ。データはデータだし、グラフ表示の仕方にも問題はない。もっとも、2種類の軸を採用しているグラフは要注意。第2章で見たとおり、軸に手を加えるだけで、折れ線の勾配をいくらでも望みどおりに変えられるからだ。

　本当に「疑似」なのは相関ではなく、2つの変数の一致した動きから私たちが導き出しかねない「解釈」だ。ニコラス・ケイジの映画出演が増えたという事実が、事故を引き起こすのだろうか？　それともあれか。ニコラス・ケイジの映画を観ると、人はプールで泳ぎたくなり、溺れるリスクが高まるのか？では、米国の科学関連支出と首吊り自殺件数の間にどのような疑似因果関係があるのか、自由に考えてみよう。絞首台ユーモア好きだったら、楽しいよ。

Conclusion

終 章

グラフで自分（と他人）に嘘をつくな

ナイチンゲールが描いた美しいグラフ

ロンドンを訪ねることがあれば、ウエストミンスター寺院、国会議事堂、ビッグベンの威容を堪能した後、ウエストミンスター橋を東に渡り、右に曲がって、聖トーマス病院を見つけてほしい。そこには大きなビルに囲まれて、フローレンス・ナイチンゲールに捧げられた小さなかわいい博物館があるだろう。

ナイチンゲールは公衆衛生、看護、統計、グラフ作成の歴史において、愛され、議論の的にもなった人物だ。教義よりも行動を重んじるキリスト教ユニテリアン主義の深い信仰に導かれたナイチンゲールは、裕福な家族の反対を押し切り、医療と、貧しい人々や困窮している人々の世話に一生を捧げようと、早くから決意した。科学も愛した。

父は彼女に、一般教養と数学の優れた教育を施していた。彼女が後に「当時としては最上級の分析的思考」を発揮するようになったのには、教育の影響があったと書く伝記作家もいる。

図表7-1 ナイチンゲールのグラフ

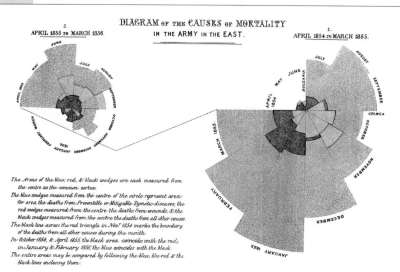

　私のアドバイスどおりにロンドンのナイチンゲール博物館を訪れたなら、展示されている多くの書類や書籍をゆっくりと鑑賞してほしい。あるグラフが特に目を引くだろう。

　図表7-1は、私がこれまで目にしたグラフの中でも、特にお気に入りの一つだ。デザインこそ完全ではないかもしれないが、グラフを正しく読むのに必要な原則の多くが、このグラフに例示されている。だから、歴史的な背景について長々と書くのをお許し願いたい。

クリミア戦争とナイチンゲールの時代

　1853年10月、今のトルコを中心とするオスマン帝国は、ロシア帝国に戦争を仕掛けた。後にクリミア戦争（1853-1856）と呼ばれるこの戦いに、英国とフランスは1854年3月、オスマン帝国側として加わった。戦争勃発の背景は複雑で、ロシア帝国の領土拡大政策に根差していたほか、当時オスマン帝国の一部だったパレスチナに住む、キリスト教少数派（ロシア正教会とローマ・カトリック教会）の保護をめぐる論争にも起因していた。

　兵士数十万人が命を落とした。恐るべき致死率だった。クリミア戦争に派遣された兵士のほぼ5人に1人が亡くなったが、圧倒的多数の死因は、戦闘中の負傷ではなく、赤痢や腸チフスなどの病気だった。当時、感染症に対する有効な治療法は存在せず、水分補給や良い食事、清潔な場所での休養ぐらいしか対処法がなかった。細菌論が登場するのは、なお20年後である。

　主な戦場は黒海北岸のクリミア半島。負傷したり、病気と診断された英国兵は、トルコへと移送された。多くの者は黒海を渡る間に命を落とし、生き残った兵士たちは、今のイスタンブールの一角にあるスクタリ野戦病院に送られた。そこは過密状態で、汚く、シラミだらけで、物資も整わない悲惨な環境だった。

　ボストン大学の研究者らによると、「スクタリ病院は本当の野戦病院というより、言うなれば熱病棟であり、熱のある兵士を健康な兵士から隔離することを主な目的として存在していた。兵士たちは治癒のためよりむしろ、死ぬため

にスクタリに送られていた」。

　病院物資の管理にあたった経験を持っていたフローレンス・ナイチンゲールは、スクタリのバラック病院で働くことを志願する。一連の兵舎（バラック）を再利用した病院だったため、この名が付いた。ナイチンゲールと看護師のチームは1854年11月に到着。スクタリで勤務した約2年間を通じ、ナイチンゲールは軍や外科のお偉方からの抵抗をはねのけて改革を推し進めた。すべての患者と活動について徹底的な記録を取り、施設の改善に助力し、過密状態を緩和し、物資の供給を増やすよう働きかけ、患者の心の支えとなった。

　ナイチンゲールの到着後、致死率はいったん上昇し、1854年から55年の冬を越してから下がった。ただ、彼女についての伝説でよく言われるほどの、急スピードではなかった。最近の歴史家によると、ナイチンゲールは衛生面の改善に取り組んだものの、換気と下水処理にはさほど注意を払わなかったことが、その理由だ。彼女が注視していたのは個々の患者の衛生状態であり、患者のいる環境の衛生状態はずっと後回しになった。

ナイチンゲールたちが行ったこと

　英国政府は負傷兵や病気の兵士の劣悪な環境を憂慮し、報道で致死率の異常さを知った国民の世論にも押され、戦地に委員会を派遣した。1つは物資補給を扱う委員会、もう1つは衛生に関する委員会だ。衛生委員会は1855年3月に活動を開始した。この日付を覚えておいてほしい。

　ナイチンゲールの協力も得た衛生委員会は、スクタリのバラック病院が汚水の上に建っているのを発見した。建物の下水道が詰まっていたからだ。動物の死骸によってふさがれた水道管もあった。委員らは下水道の清掃、換気の改善、廃棄物処理のシステム化を命じた。この指導のおかげで、委員会が訪れた病院はどこも環境が改善した。

　ナイチンゲールはスクタリで働いている間、バラック病院の致死率が、同じく負傷兵士の処置にあたる他の病院よりずっと高いことに、十分に気づいていなかった。前線で切断手術を行ったほうが、病院の場合より術後の生存率が高

いことを不審に思う看護師もいたが、その原因は、男たちは戦場にいるほうが「生命力にあふれ、痛みや疲労に耐えやすいのに対し、病院で手術を受けた者は苦しみに打ちひしがれている」ことにあると考えた。

ナイチンゲールはロンドンに帰った後、クリミア戦争の致死率が異様に高い真の原因を突き止めて愕然とする。そして、衛生学を専門とするウィリアム・ファーなどの統計学者と協力し、衛生委員会の活動による効果を分析した。

当時、医療の権威の間で、衛生学は論議を呼ぶ話題だった。医師たちは、もしも衛生と換気のほうが医療処置よりも重要だとわかれば、自分の職業の権威が落ちると恐れた。ナイチンゲールのデータは、まさにそういうことを示しており、彼らは落胆することになった。次の積み上げ棒グラフは、この戦争の全死者数を示している。積み上げ棒グラフとは、積み重なった棒が合計を表すものだ。1855年3月以降、全体の死者数と病気による死者数が、ともに急減しているのに着目してほしい。

図表7-2 1855年3月から死者数が激減した！

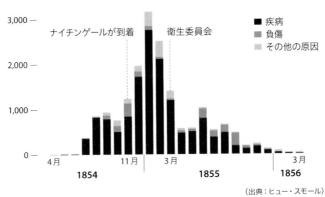

英国軍の毎月の死者数
（注：スクタリのバラック病院だけの死者ではない）

（出典：ヒュー・スモール）

致死率の急降下を、病院の衛生環境の改善だけに帰することはできないが、ナイチンゲールにとって、それが最大ならずとも重要な要因であることに、疑

いの余地はなかった。もっと早く衛生と換気を改善していれば救えたはずの命に思い悩んだ彼女は、1910年に没するまで、残りの人生を看護と公衆衛生の大切さを広めることに捧げた。

　ここで話は、ナイチンゲールのグラフに戻る。彼女はこのグラフをよく「くさび」と呼んだ。戦地から帰国した彼女は、獲得した巨大な名声を利用し、軍病院の管理改革を推し進める。英国軍は歩兵の健康と厚生をないがしろにしていると、彼女は確信していた。軍最高司令部はこれに同意せず、責任を一切認めず、改革に抵抗した。彼らはビクトリア女王の賛同も得ていたが、女王はクリミア半島およびトルコの惨事を調査する王立委員会の開催を承認。委員会の開催にナイチンゲールも尽力した。

　ウィリアム・ファーは衛生学者として、「流れのよい下水道、浄水、住居の換気に公的資金を費やすよう訴える」運動を行っていた。ナイチンゲールは、軍にこれらの重要性を納得させ、最終的には社会全体を説得するために、言葉、数字、グラフを駆使し、グラフは委員会の報告書のみならず、一般書やパンフレットにも掲載された。ナイチンゲールのグラフで最も有名なのが「くさび」だ。積み上げ棒グラフと同じデータを表すものだが、くさびのほうがずっと衝撃的で目を引く。

　くさび形グラフは、大きさの異なる2つのくさび形の集合体で構成されてお

図表7-3　本章冒頭のグラフの読み方

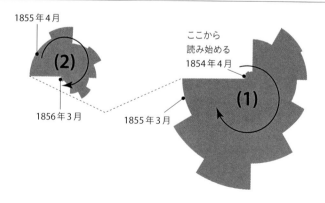

り、いずれも時計回りに読んでいく。それぞれ、各月に対応する複数のくさび形から成っている。右側の大きい集合体（1）は1854年4月から、衛生委員会が戦地に派遣された1855年3月までの期間を示す。左側の小さい集合体（2）は1855年4月から1856年3月までだ。

　各月ごとに3つのくさび形がある。互いに部分的に重なっており、上へ上へと積み上がっているわけではない。各々のくさび形の面積（円の中心点から見た面積）は「疾病」「負傷」「その他の原因」による死者数に比例している。たとえば、1855年3月の原因別死者数に対応するくさび形は、こうなっている。

図表7-4　　ナイチンゲールのくさび

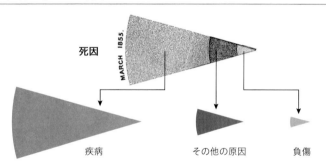

　なぜナイチンゲールは、こんなに風変わりな方法でデータを表示したのだろう？　シンプルな積み上げ棒グラフや、1つの死因に1本の線を対応させた折れ線グラフにしなかったのはなぜだろう？

　歴史家のヒュー・スモール氏は、ナイチンゲールがデータを伝えようとした相手の1人が、政府の最高医療責任者、ジョン・サイモンだった点を指摘している。サイモンは、疾病や感染症による死は避けられなかったと主張していた。ナイチンゲールは、点線で結ばれた2つの集合体に年月を分け、衛生委員会の到着前と到着後で変化するパターンを強調することによって、そうではないことを証明したかった。衛生委員会が到着する前の総死者数を示す1つめの集合体は大きく、2つめはずっと小さい。

もう一歩踏み込んで、私なりの推測を付け加えたい。彼女の目的は単に情報を伝えることではなく、興味を引く、風変わりな、そして美しい画像によって説得することだったと思う。棒グラフでも同じメッセージをきちんと伝えることはできるが、見た目の魅力には劣るかもしれない。

ナイチンゲールのくさび形グラフが教えてくれるもの

ナイチンゲールが有名なくさび形グラフを生み出すに至った物語は、私たち誰もが大切にすべきいくつかの原則を体現している。なかでも最も大切な原則は、第3章で説明したとおり、

信頼できるデータに基づいていなければ、信頼できるグラフにはならない。

ナイチンゲールが用いたデータは、当時入手できる限りで最善のものだった。公表するまでに、収集と分析に何年も要した。

くさび形グラフが実証している第二の原則は、グラフは視覚に訴えるが、それだけで十分なことはほとんどない、ということだ。ナイチンゲールのグラフは常に、報告書や本の中で紹介されていた。報告書や本はデータの出所を説明し、考えうるほかの解釈も紹介したうえで結論を出していた。

カロリンスカ研究所の医師にして公衆衛生統計学者、ハンス・ロスリング氏は、よくこう言ったものだ。「数字を見ないと、世界はわからない。しかし、数字だけを見ても、世界はわからない」

情報の発表にあたっての、この徹底した姿勢こそが、プロパガンダと情報を分けるものだ。プロパガンダとは、世論を形成しようという意図の下、自身の主張を裏付けてくれそうな部分を強調する一方で、反証となりそうな部分は省き、情報を安易な方法で見せることだ。ナイチンゲールとその協力者らは、公衆衛生改革の必要性について、きわめて説得力のある主張を行ったが、それは骨身を惜しまず、エビデンスを軸に長い議論を積み重ねた末のことだった。彼女らは、あくまで論理を通じた説得を試みた。

第三の原則は、データとグラフは人命を救ったり、人の考えを変えたりもできる、ということだ。ナイチンゲールのグラフは、結局、社会を説得して行動

を変えさせる道具になったが、グラフが変えられるのは他人の考えだけではない。自分自身の考えも改められる。私がナイチンゲールに敬服する一番の理由は、ここにある。彼女は戦後、罪悪感にさいなまれた。なぜなら、自分の対応が不十分だったばかりに、自分が担当していた数千人もの兵士が命を落としたことが、データで明らかになったからだ。そして彼女は立ち上がり、自らと同じ過ちによって惨事が繰り返されるのを防ぐことに生涯を捧げた。

　エビデンスを前にして自らの考えを改めることは、きわめて誠実で見識のある人々だけが備える能力だと言える。入手可能な情報を、できるだけ倫理的に使おうと奮闘する人々。私たちはみな、彼ら、彼女らを見習うために、最善を尽くさなければならない。

論理的思考と自己正当化

　グラフは論理的思考の道具にもなれば、自己正当化の道具にもなる。私たち人類は、前者よりも後者に傾きがちだ。私たちは、グラフによって可視化されたエビデンスを見ると、それを自分の世界観に合わせてねじ曲げようとする。エビデンスについて熟慮し、その結果に応じて自分の世界観を修正しようとは、なかなかしないものだ。そのグラフのテーマについて、自分が既に定見を持っている場合には、とくにそうなる。

　論理的思考と自己正当化は、どちらもよく似た心のメカニズムに基づいている。だから両者は混同されやすい。両者とも、えてして根本には推論がある。推論とは、入手できるエビデンスや前提を出発点として、新たな情報を生み出すことだ。

　現実に従うなら、推論は適切になりえるが、不適切になってしまうこともある。前の章に、国レベルで見てたばこの消費量と平均寿命が正の相関関係にあることを示すグラフがあった。グラフは、たばこ消費量の多寡、平均寿命の長短といった、複数の情報を含んでいた。私たちが物事に疎かったり、自分の喫煙を正当化したいという動機があったりすれば、喫煙は長生きにつながると推論するかもしれない。仮に私がヘビースモーカーで、メディアや友達、家族か

ら常々、喫煙は体に悪いと言われ、苛立っていたとしよう。その反対のことを示すグラフを見つけたら、これ幸いと、自分の行いを弁明するのに使うかもしれない。これが自己正当化だ。

　人間の脳は、自己正当化するようにできている。自己正当化に関する文章は山ほどあり、心のバイアスがいかに私たちを迷わせるかについて説明する一般書は、数十冊に及ぶ。私のお気に入りは、キャロル・タヴリス氏とエリオット・アロンソン氏の共著、『なぜあの人はあやまちを認めないのか』（河出書房新社）。私たちがどのように思い込みを形成し、正当化し、それから思い込みを変えるのに抵抗するようになるのかを説明するため、タヴリス氏とアロンソン氏は「選択肢のピラミッド」というたとえについて語っている。これは滑りやすい坂道のようなものだ。

カンニングのアナロジー

　ここに生徒が2人いて、試験でカンニングをすることの是非について、2人ともさほど強い意見を持っていなかったとしよう。ある日、試験の最中に2人とも、カンニングの誘惑に駆られる。片方はカンニングをし、もう片方はしない。タヴリス、アロンソン両氏は、この出来事の後に生徒2人にカンニングについて意見を聞くと、大きな変化に気づくだろうとしている。カンニングの誘惑に耐えた生徒は、前よりずっと独善的にカンニングへの拒否感を示す一方、誘惑に負けてしまった生徒は、カンニングはそれほど重い罪ではないとか、奨学金がかかっているのだから今回は正当化される、とか言うだろう。著者らはこう付け加えている。

　　この生徒たちが、次第に強烈な自己正当化へと段階を上がっていくころには、2つのことが起こっている。まず、お互いにすっかり離れ離れになっている。次に、2人とも自分の信念を内面化してしまい、ずっと前からそう思っていたと確信している。互いに1ミリメートルしか離れていないピラミッドの頂点から出発したのに、自分の行動を正当化し終えたときには底辺

まで滑り降りて、対角線上に立っているようなものだ。

　いくつかの力学が、ここで働いている。人間はつじつまの合わないことを毛嫌いする。自尊心が強く、自己イメージを傷つけそうな物事に脅威を感じる（私は善良な人間だ。だからカンニングがそんなに悪いことであろうはずがない！）。したがって、私たちは自分の行動を正当化することにより、自らを脅かす矛盾を最小化しようとする（カンニングなんて誰でもやっている。それに、カンニングは誰も傷つけない）。

　しかも、カンニングが他者を実際に傷つける証拠——カンニングした人が奨学金を得たことで、もっとふさわしい人にお金がまわらなかった——を後で発見したとしても、それを受け入れて考えを改めるよりは、証拠を拒否して自分の既成概念に合うようねじ曲げる可能性のほうが大きい。そのような行動をとる原因は、人間の、互いに関連する2つの特性にある。確証バイアスと、動機を伴う推論だ。心理学者のゲイリー・マーカス氏は、こう記している。「確証バイアスは、自分の信念に合うデータに気づく自動的な傾向であり、動機を伴う推論はそれを補足する傾向、つまり自分の好きな概念よりも、気に入らない概念のほうをより慎重に精査する傾向である」

　認知的不協和、確証バイアス、そして動機を伴う推論の間の関係については、ジョナサン・ハイト氏の『社会はなぜ左と右にわかれるのか：対立を超えるための道徳心理学』（紀伊國屋書店）や、ユーゴ・メルシエ、ダン・スペルベル両氏の"The Enigma of Reason"（理性の謎）といった書籍が切り込んでいる。旧来の解釈では、人間の論理的思考とは情報を集め、処理し、評価し、そのうえで信念を形成することだが、この解釈はミスリーディングだという。

　著者らの説明によると、人間の論理は、この解釈とはかなり違う動きをする。1人の人間が、あるいは文化や主義主張の似通った集団が行う論理的思考は、自己正当化へと堕すことがある。私たちがまず行うのは、信念の形成だ。なぜなら、その集団のメンバーは既にその信念を持っている、あるいは感情レベルでその信念に共感するからだ。次に私たちは、思考能力を用いてその信念を正

当化し、その正しさについて他人を説得し、相反する他人の信念から自分たちを擁護する。

自己正当化せずに論理的思考を深めるには？

　どうすれば、自己正当化を論理的思考に切り替えられるのだろうか？　あのグラフを作るに至ったフローレンス・ナイチンゲールの人生が、良い手掛かりを与えてくれる。クリミア戦争から帰国したときの彼女には、自分が看護している間、なぜあれほど多くの兵士が命を落としたのかが理解できていなかった。相変わらず、物資不足、官僚的な運営、病院に到着した時点の兵士の弱り方、などに原因があると考えていた。彼女には、信念を曲げない人物だという評判もあった。夜間にランプを持ってスクタリ病院の長い廊下を歩き、死に瀕した男たちを見舞う孤高の看護師の姿を新聞が描き出すと、彼女は一躍有名人となり、神話的存在にまでまつり上げられた。クリミア戦争中の自らの行いを擁護するため、自己正当化に走ったとしてもおかしくなかっただろう。

　ナイチンゲールが行ったのは、その逆だった。データを丹念に調べ、専門家、特にウィリアム・ファーと組み、熱く誠実な対話をじっくりと積み重ねていった。大量のデータとエビデンス、それを分析する技術を持ち込み、病院の衛生環境を改善していれば、もっと多くの命を救えた可能性があったことを提起したのは、ファーだった。ナイチンゲールはファーと共に、兵士の高い致死率の原因について別の可能性を検証し、それらを新たなデータに照らして精査していった。

　ナイチンゲールの経験から私たちが学べるのは、耳の痛い話ではあるが、私たち人間は自分ひとりでは、あるいは同じような考えを持った人々に囲まれていては、論理的思考などおぼつかない、ということだ。そうした状態で論理的思考を試みると、自己正当化に行き着く。自分の正しさを強化してくれる手掛かりとして、議論を利用してしまうからだ。

　そして最悪なことに、知力が高く、より多くの情報にアクセスできる人ほど、自己正当化に成功しやすい。その理由の一端は、政党や教会など、自分が属す

る集団のメンバーの考え方を知る機会がより多くなり、それに自分を合わせよ
うとすることにある。ある意見に触れても、その出所を知らないほうが、その
意見について是々非々で考えられる可能性は高い。

　自己正当化とは、自分自身との対話、もしくは自分と似た考えを持つ人々と
の対話だ。これに対して論理的思考とは、説得したい相手との誠実で開かれた
会話を言う。対話の相手は、前から私たちの意見に同意しているとは限らない。
その相手を、誰にとっても可能な限り正当で、理路整然とした、具体的な議論
で説得しようと試みつつ、相手の説得も受け入れようと心を開くことが論理的
思考だ。

　この対話は、面と向き合って行うとは限らない。ナイチンゲールの時代の対
話は、多くが手紙のやりとりを通じたものだった。あなたが熱心に新聞などの
記事や本を読むとき、あなたは執筆者と対話していることになる。

　同じように、本を執筆するときには、読者が受け身で吸収してくれることだ
けを期待するのではなく、内容を熟慮し、建設的に批判したり、将来より広く
展開してくれることを期待する。偏りのないメディア閲覧がきわめて重要なの
は、このためだ。つまり、第3章でお勧めしたように、ニュースの発信元を慎
重に取捨選択する必要がある。飲食の際、体に何を入れるべきか気にかけるの
と同じように、頭に何を入れるかについても注意を払わなければならない。

　私たちが自己正当化するときの論法が、誰にとっても可能な限り正当で、理
路整然とした、具体的なものであることはまれだ。自分自身でテストすること
ができる。何かのテーマについてあなたの意見に反対する人に対し、なぜあな
たがそう考えるのかを説明してみよう。できるだけ権威筋の議論を持ち出すの
を避け、（この本は、著者は、科学者は、思想家は、テレビ司会者はこう言ってい
た）自分の価値観をアピールするのもやめよう（私は左派でリベラルだから、
……）。

　その代わり、段階を追って自分の論理を説明してみよう。あなたの思考回路
を結ぶ鎖の1つ1つの輪が、前の輪と後の輪にちゃんとつながっているか、注
意深く見ていこう。するとまもなく、心の奥深くに根差した大切な信念ですら、
いかにもろい骨組みに支えられていたのか、気づくはずだ。

　これは思い上がりをくじく体験になり、私たちは誰しも、「私は知らない」ことを認める恐怖感を捨てるべきだと気づかされる。たいていの場合、私たちは本当に知らないのだ。

　これはまた、何かを誤解している人々を説得するときの戦略として、思考の専門家が勧める手法の一つでもある。いきなり証拠だけを突きつけてはならない。認知的不協和、動機を伴う推論、確証バイアスという悪魔の3兄弟を刺激して、裏目に出かねない。そうではなくて、相手にじっくりと考えさせよう。意見の異なる人々を同じ部屋に入れ、組織防衛本能を刺激しないよう、何らかの集団に属していることを知らせずに対等な立場で話をさせると、議論がより穏やかになることは実証済みだ。他者と議論するときには、相手の考えに心から関心を示し、共感を持ち、より詳細な説明を求めよう。そうすればあなたも相手も、互いの知識のギャップに気づくかもしれない。誤解に対する最良の解毒剤は、単なる真実の情報ではなく、疑問や不確かさだ。思い込みの殿堂にそうした亀裂が入れば、そこから真実の情報が徐々に流れ込むようになる。

グラフだけから効果的だったかどうかはわかりにくい

　グラフは明快で説得力があるため、対話のカギを握ることがある。ブレンダン・ナイハン、ジェイソン・ライフラーの両政治学教授は、2017年の論文で、グラフが誤解を解くのに役立ったことを示す3つの実験結果を紹介した。米国は2003年にイラクに侵攻したが、ジョージ・W・ブッシュ政権は2007年、反乱軍による相次ぐ攻撃で兵士と民間人の犠牲者が出ていることに対処するために、占領軍の増派を発表した。その年の6月から、犠牲者の数は減少し始めた。

　増派の効果をめぐって、世論は二分していた。ナイハン、ライフラー両教授によると、共和党支持者の70%は増派によってイラクの状況は改善していると考えており、実際そのとおりだった。しかし、民主党支持者でそう考える割合は21%にとどまった。さらに心配なのは、民主党支持者の31%が、増派が暴力を助長して犠牲者が増え、状況はかえって悪化していると考えていたことかもしれない。

　両教授は実験の被験者を3つのグループに分けた。米軍のイラク駐留継続を望むグループ、撤退を望むグループ、強い意見を持たないグループだ。教授らは被験者にこのグラフを見せた。

図表7-5　　イラクへの増派から反乱軍の攻撃回数は減っているが……

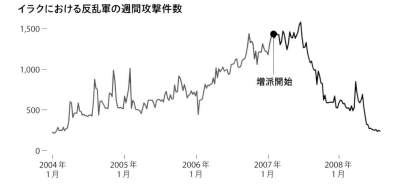

　このグラフによって、増派に効果がなかった、あるいは増派によって攻撃と犠牲者が増えた、と考える人の割合は減った。米国のイラク占領統治に反対する人々の間では、さらに影響が顕著だった。グラフが全員の考え方を変えたわけではないが、一定の人々の誤解が和らいだのは確かだ。

　ナイハン、ライフラー両教授はこのほか、オバマ政権下の労働市場についてのグラフと、気候変動についてのグラフを使った実験を行った。前者では、多くの人々、特に共和党支持者の多くが、オバマ氏の任期中に失業率が急低下したことを信じていなかった。いずれのケースでも、グラフによって誤解が完全に払拭されたわけではないが、誤解している人の数は減った。

　ナイハン、ライフラー両教授の実験を機に、この本の主なメッセージに立ち返るとしよう。**グラフは私たちをより賢くし、実りある会話を可能にしてくれるが、それは一定の条件が整えばの話である。**条件のいくつかはグラフのデザインに関することで、ほかのいくつかは、私たち読者がそれをどう解釈するかに関わっている。

「嘘には3種類ある。嘘、大嘘、そして統計だ」ということわざが、残念なことに有名だ。ベンジャミン・ディズレーリとマーク・トウェインの言葉だとされる。しかし、統計が嘘をつくのは、私たちが統計に嘘をつかせたいか、統計に真実を語らせるための知識を欠いているときだけだ。怪しいグラフは、悪意よりも不注意や無知の産物であることのほうがずっと多い。

もう一つの条件は、私たち読者が**会話を弾ませるための手段としてグラフに接する**ことだ。ほとんどのグラフは、会話を終わらせるのではなく、会話を可能にする。良いグラフは、あなたが答えを出すのを助けてくれるかもしれない（増派後、攻撃の回数は増えたか減ったか）が、それにもましてグラフが得意とするのは、私たちの好奇心をそそり、より良い設問へと導くことだ（でも、犠牲者の数はどうなった？）。

ナイチンゲールの件をもう一度考えてみよう。彼女の有名なグラフは、非常に長きにわたる議論の一部だった。そうやって得られたエビデンスを見て、彼女と協力者らは、公衆衛生がないがしろにされており、何らかの手を打つべきだったことを確信するに至った。しかし、データとグラフ自体は、どんな対処が可能だったかについては何も語っていなかった。

このことは、グラフによって私たちがより賢くなるための、次の条件へとつながる。**私たちは、グラフが見せているのは見せていることだけ、という原則から離れない、つまり深読みしすぎないよう自制しなければならない。**

ナイハン、ライフラー両教授のグラフは、増派後に攻撃の回数が急減したことを示している。しかし、過去の攻撃に比べ、攻撃1回当たりの犠牲者が増え、結果として犠牲者数は増えたという可能性もありうる。実際にはそうではなかったが、可能性としてはある。だからイラク増派の影響について会話するときには、犠牲者数についてのエビデンスも調べるとよいかもしれない。

グラフという道具を慎重に扱おう

ナイチンゲールから得られるもう一つの教訓について語りたい。**グラフを使うときの目的は重要だ。**

　人類とほかの動物を分けるものがあるとすれば、それは技術を考案する能力だ。物理的技術と概念的技術の両方を通じ、私たちは身体と精神を拡張している。私たちは車輪や翼のおかげでより速く移動し、眼鏡や望遠鏡、顕微鏡のおかげでより多くのものをよりよく見、印刷媒体とコンピュータのおかげでより深く確かな記憶を享受し、カートやクレーン、柱のおかげでより強くなり、話し言葉と書き言葉、そしてそれらを可能にし、拡散するための技術のおかげで、より効果的なコミュニケーションができる。まだまだ例を挙げればきりがなく、人類がサイボーグ種であることを証明している。私たちが想像し、現実化する道具と人工装具なしでは、私たちは生きていくこともままならない。

　一部の技術は、私たちの知性を拡大してくれる頭脳用の人工装具だと言える。哲学、論理、修辞法、数学、芸術、科学的方法は、私たちの夢、好奇心、直感を育み、それらを生産的な方向へと導いてくれる。これらは概念的な道具だ。グラフもその一つ。良いグラフは私たちの想像力を広げ、数字から知見を引き出すことで、理解を深めてくれる。

　しかし道具は、私たちの身体や認知を広げるだけではない。倫理的な側面も持っている。道具は中立的ではない。なぜならデザインも、潜在的な用途も、中立的ではないからだ。道具を創造する人々は、自分が考案したイノベーションがどのような結果をもたらすかを考え、悪い結果を招くようであれば、その技術を修正する責任がある。一方、道具を使う人はみな、倫理的な使い方をするよう努めなければならない。ここにカナヅチがある。

図表7-6　カナヅチを何に使いますか？

カナヅチは何に使うものだろう？　釘を打ちつけ、家や避難所、納屋を建て、壁を作ることで、人や穀物や動物を風雪からかくまい、世界の最貧困地域で困窮や飢餓を防ぐのに用いることができる。同様に、グラフも物事の理解を支え、それを他者に伝え、会話を促す材料として用いることができる。

しかし、その同じカナヅチを、正反対の目的に用いることも可能だ。家や避難所、納屋、壁を打ち壊し、その所有者らを困窮や飢餓へと突き落とすことができる。戦いの道具にも使える。同様に、グラフ――これも技術の一種――も理解をぶち壊しにし、自分と他人を誤解へと導き、会話を妨げるように用いることができる。

デマとの戦いは終わりなき軍備競争だ。世代ごとに新たな技術が生まれ、その時々のプロパガンダ屋がそれを利用する。1930年代から40年代にかけて、ナチスは印刷メディアやラジオ、映画といった技術を使って恐怖や憎悪を煽り、戦争や大虐殺を推し進めた。機会があれば、米国ホロコースト記念博物館が出版したナチスのプロパガンダについての本をどれか読むか、インターネットでプロパガンダの実例を探してみてほしい。現代に生きる私たちから見ると、ナチスのプロパガンダは大袈裟で、雑で、説得力がない。いったいどうして、こんな馬鹿げたものに言いくるめられたのだろう？

なぜなら、デマは常に、それが生まれる社会の洗練度（あるいは無知）に応じて変化するからだ。これを書いている今、私は身の毛もよだつ、新手の人工知能（AI）ツールについて知った。音声・動画ファイルを操作できるツールだ。まず文章を朗読して録音し、それからツールを使って、たとえばバラク・オバマやリチャード・ニクソンの声に変えることができる。彼らの演説の録音をツールに入れ、学習させればよいのだ。動画でも似たようなことが可能な技術がある。いろんな表情をつくった自分の顔を録画し、その表情を他人の顔にかぶせる。

科学者や数学者、統計学者、エンジニアなどは、昔からデータとグラフになじんでいるが、多くの一般の人々にとっては、真実を具現化する今時の技術に見える。これは、プロパガンダ屋や嘘つきにとっては格好の道具だ。そして、私たちが持っている最良の防備が、教育、注意、倫理、会話だ。この時代、デ

ータとグラフは美化されているだけでなく、至る所にあふれている。オンライン、特にソーシャルメディアなどの拡散手段があり、誰もが数十人と言わず数百人、数千人、場合によっては数百万人に届けることができるからだ。

　私のツイッターのフォロワーは、およそ5万人。この厳粛な事実を前に、私はシェアする内容について、非常に慎重になった。もし私が大失敗し、ひどくミスリーディングな内容を投稿してしまったら、多くのフォロワーによって急速に拡散されるかもしれない。そういう経験は何度かあり、あわてて訂正するとともに、私の投稿をシェアした人全員に連絡を取った。

　私たちジャーナリストは、この仕事でいちばん重要なのは「検証の規律」だ、という言い方をする。理想を貫徹するには常に努力の余地があるが、それでも私が知るほとんどの記者と編集者は、検証を非常に重んじている。もしかすると、検証の規律がジャーナリズムだけの倫理的責務であった時代は終わり、市民としての責任になるのかもしれない。情報の生態系と、市民同士の対話の質を守るためにも、私たちが不特定多数に向けて何かをシェアするとき、それが適切な内容かどうかを見定める責任だ。

　私たちは、カナヅチは責任を持って取り扱い、破壊ではなく建設に使うべきであることを、本能的に知っている。グラフやソーシャルメディアといったほかの技術についても、同じように考え始めてしかるべきだ。そうすることで、私たちをむしばむ誤情報やデマといった病弊に加担するのではなく、社会の免疫システムの一端を担うことができる。

進化生物学者が証明した「グラフの正しい読み解き方」

　1982年7月、進化生物学者にしてベストセラー作家のスティーヴン・ジェイ・グールド氏は、腹膜中皮腫と診断された。アスベストを原因とする、治療不能の珍しいがんだ。医師らは彼に、診断後の余命の中央値（メジアン）はわずか8カ月だと告げた。つまり、この病気の診断を受けた患者の半分は8カ月も経たないうちに亡くなり、あと半分はそれより長生きしたということだった。自身の経験をつづった素晴らしいエッセーに、グールドはこう書いている。

　がんとの闘いには、その人の姿勢が明らかに影響する。理由はわかっていないが、（中略）同じ種類のがんについて、年齢、階層、健康状態、社会経済的地位、その他全般が近い人同士を比べた場合、姿勢が前向きで、生きたいという強い意志と生きる目的を持った人々のほうが（中略）長生きする傾向がある。

　しかし、自分と似た境遇の人々が平均で8カ月しか生きられないと知った直後に、どうやって前向きな姿勢になれというのだろう？　おそらく、まったく情報がないよりも、少しだけあるほうがずっと悪い場合もあるとわかれば、なれるかもしれない。グールド氏が医学文献で発見したグラフは、たぶん、カプランマイヤー・プロットを用いたこの架空グラフに似ていたと考えられる。

図表7-7　このようなグラフを見てグールドのように考えられるか？

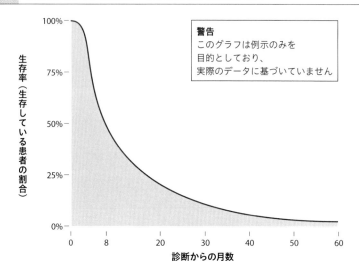

　グールド氏が理解したのは、こういうことだ。腹膜中皮腫患者の余命のメジアンは8カ月だと知ったが、だからといって自分自身の余命が8カ月だとは限らない。このようなグラフは通常、生存率が最初に急低下し、その後右に向か

って長いテールを描く。

　グールド氏は、自分はこの長いテール上に位置するだろうと考えた。どんな種類のがんでも、診断後の余命は数多くの要因に左右される。たとえば、診断を受けたときの年齢（グールド氏は比較的若かった）、がんのステージ（腫瘍の大きさと、一部にとどまっているか、他の部分に転移しているか）、全般的な健康状態、喫煙者か否か、治療の質と種類（グールド氏は積極的に実験的治療を受けた）、そしておそらく遺伝子。グールド氏は、自分が診断後8カ月以内に亡くなる50％の人々に属す可能性は、何年間も生き延びる小さめの割合の人々に属す可能性より低い、との結論に至った。

　彼は正しかった。グールド氏は40歳で腹膜中皮腫と診断されたが、その後も20年間の生産的な半生を送った。教育と、数十に及ぶ一般科学書や記事の執筆に歳月を捧げ、亡くなるわずか数カ月前には、膨大な論文 "The Structure of Evolutionary Theory"（進化論の構造）を上梓した。

　グールド氏は、良質なデータとグラフを注意深く点検することで、より幸福に、賢明に、楽観的になれた。誰もが彼と同じことができる将来を、私は夢見ている。

[著者]

アルベルト・カイロ（Alberto Cairo）

スペイン出身のジャーナリスト、情報デザイナー。マイアミ大学スクール・オブ・コミュニケーションの教授でビジュアル・ジャーナリズムを担当。教科書を複数執筆したほか、同大学のコンピューター科学のビジュアライゼーション・プログラムのディレクターを兼任する。グーグルや欧州連合（EU）をはじめ、企業や公的機関に対するコンサルティングやトレーニングに携わる。スペインとブラジルでメディア企業のインフォグラフィックス担当のヘッドを務めた経験を持つ。

[訳者]

薮井真澄（やぶい・ますみ）

共同通信社経済部　担当部長
慶應義塾大学文学部仏文科卒業、地方テレビ局、外資系銀行を経て共同通信社に入社。経済記事の翻訳に携わるほか、ロンドン支局勤務を含めて主に金融市場の取材を担当。

グラフのウソを見破る技術
──マイアミ大学ビジュアル・ジャーナリズム講座

2020年4月15日　第1刷発行

著　者──アルベルト・カイロ
訳　者──薮井真澄
発行所──ダイヤモンド社
　　　　　〒150-8409　東京都渋谷区神宮前6-12-17
　　　　　http://www.diamond.co.jp/
　　　　　電話／03-5778-7232（編集）　03-5778-7240（販売）
装丁────三森健太（JUNGLE）
本文デザイン─岸和泉
DTP　───中西成嘉
製作進行──ダイヤモンド・グラフィック社
印刷────新藤慶昌堂
製本────本間製本
編集担当──木山政行